hänssler

JAN WILLEM VAN DER HOEVEN

Babylon oder Jerusalem

Endzeitliche Verführung – Was kommt auf uns zu?

Die Deutsche Bibliothek – CIP-Einheitsaufnahme

Hoeven, Jan Willem van der:
Babylon oder Jerusalem : endzeitliche Verführung – was kommt auf uns zu? /
Jan Willem van der Hoeven. – Neuhausen – Stuttgart : Hänssler, 1994
(Edition C : T, Taschenbuch ; 332)
ISBN 3-7751-2135-8
NE: Edition C / T

EDITION C-Taschenbuch
Bestell-Nr. 56.932

Verlegt 1993 bei Desting Image; P.O. Box 310, Shippensburg, PA 17257.
Originaltitel: Babylon or Jerusalem?

Übersetzt von Johannes Gerloff
Umschlaggestaltung: Schröder & Ziegler Design, Waldbronn
Titelbild: Internationale Christliche Botschaft Jerusalem, Budd Burton
Bibelstellen zitiert nach Luther '84
Satz: AbSatz Ewert-Mohr, Klein Nordende
Printed in Germany

Inhalt

Dank

Von ganzem Herzen möchte ich Stan Goodenough, Kathy Rowlands, Heather Chettle, Nancy Howard und ganz besonders meiner lieben Frau Widad danken, ohne deren Hilfe, Ermutigung und Gebet dieses Buch nicht hätte geschrieben werden können.

Es ist den hervorragenden Mitarbeitern der Internationalen Christlichen Botschaft Jerusalem und ihren Vertretern in der ganzen Welt gewidmet.

Vorwort

Wir alle haben unsere Gründe, für den Frieden Jerusalems zu beten. Als Bürgermeister der Stadt sind die meinen offensichtlich. Dieses Buch führt weitere Gründe an. Es wurde von einem Mann geschrieben, der beständig für den Frieden Jerusalems betet und seine Freundschaft und Hingabe an das zionistische Wagnis bewiesen hat. Wenn man so viele Feinde hat wie wir, ist es gut zu wissen, daß wir auch solche Freunde haben.

Als 1980 unser Parlament, die Knesset, ein Gesetz verabschiedete, das Jerusalem zur unteilbaren und ewigen Hauptstadt Israels erklärte, folgten die meisten Staaten der Entscheidung der Vereinten Nationen und zogen ihre Botschaften aus der Stadt zurück. Es gibt ein hebräisches Wort – *davka* – das schwer zu übersetzen ist. Es bedeutet soviel wie ›Paradox‹: JAN WILLEM VAN DER HOEVEN, *davka,* beschloß damals seine Fahne zu zeigen, als die meisten Flaggen eingezogen wurden. Ein Beispiel wahrer Freundschaft.

Wir tun unser Bestes, um den Zugang zu Jerusalem und seinen heiligen Stätten für alle offenzuhalten. Jedoch nicht, weil die Welt unsere sogenannte »Verwaltung« der Stadt kritisiert, sondern weil wir anderen nicht das antun wollen, was uns zugefügt wurde.

Die Goldene Regel (bei uns etwas anders formuliert) gehört zu den Dingen, die Judentum und Christentum verbindet. Wir werden immer bereit sein, die Schönheit und den Glanz dieser alt-neuen Stadt mit Freunden zu teilen, die wiederholt unter Beweis gestellt haben, daß sie selbst in großer Dunkelheit an unserer Seite stehen, um gemeinsam mit uns die anbrechende Morgenröte zu erwarten.

TEDDY KOLLEK

Einleitung

Zwei Städte spielen nach Aussage der Heiligen Schrift in der Endzeit eine entscheidende Rolle – Babylon und Jerusalem.

Die eine symbolisiert die Anstrengungen und Errungenschaften des Menschen, die andere das Eingreifen und die Erlösung Gottes.

Die eine steht für menschliches Streben nach Einheit ohne jede Beziehung zu Gott und seinen Geboten.

Die andere versinnbildlicht das Bedürfnis des Menschen nach einer vertikalen Beziehung zu seinem Schöpfer und das Angewiesensein auf Ihn auf dem Weg zu einer neuen Welt.

Babylon ist die Stadt der Habsucht, des Materialismus und der Sittenlosigkeit.

Dagegen steht die Stadt des Friedens, der Heiligkeit und Gerechtigkeit.

Die eine Stadt wird Sitz eines diktatorischen Weltherrschers sein, grausam und von Größenwahn besessen, der zwar die Sprache des Friedens und des Wohlstandes spricht, sich aber als falscher Friedensbringer erweisen wird.

Die andere Stadt, Jerusalem, wird Sitz des wahren Friedefürsten sein, dessen Herrschaft schließlich echten Frieden und Gerechtigkeit auf dieser Erde schaffen wird.

TEIL 1

Babylon

1. Babylon

Der Anfang von Babylon war Babel. Die Geschichte ihres Ursprungs wird uns im ersten Buch der Bibel berichtet, wo in 1. Mose 11, 1 geschrieben steht:

> »Es hatte aber alle Welt einerlei Zunge und Sprache.«

Weil die Menschen vereinigt waren und nur eine Sprache hatten, glaubten sie, alles ohne Gott erreichen zu können. Sie sagten zueinander:

> »Wohlauf, laßt uns eine Stadt und einen Turm bauen, dessen Spitze bis an den Himmel reiche, damit wir uns einen Namen machen …« (1. Mose 11, 4)

Aus diesem Grunde kam Gott hernieder, verwirrte ihre Sprache und schuf dadurch verschiedene Nationen. Das Streben des Bösen ist es, die Menschheit unter seinem Einfluß zu vereinen. Deshalb haßt er die Barriere der Nationalität, die Gott geschaffen hatte, um die Menschheit daran zu hindern, sich in der Rebellion gegen Ihn zu vereinigen.

Gott gab den Menschen verschiedene Sprachen und bewirkte so, daß sie sich als unterschiedliche Völker über die ganze Erde verteilten. Satan weiß, daß er nur dann uneingeschränkt über die Völker der Erde herrschen kann, wenn er einen Weg findet, die Barriere der Nationalität niederzureißen, die Gott dazu gesetzt hat, eine einstmals vereinigte Menschheit zu teilen.

Wir leben heute in einer Zeit, in der genau das passiert. Unser Jahrhundert ist das Jahrhundert der Weltkriege. Die Regierungen und Führer dieser Welt wurden wie nie zuvor mit der Notwendigkeit konfrontiert, sich zu vereinigen, um das Überleben zu sichern. Die gewaltigen Probleme unserer Zeit – Kriege, die Verbreitung von Atomwaffen und nuklearem Know-how, wachsende Umweltverschmutzung, Hunger und Epidemien, das Abnehmen der Rohstoffe, Überbevölkerung, finanzielle Krisen – rufen nach globalen Lösungen und fordern eine Institution, die solche Lösungen dann auch in der Praxis durchsetzen kann – eine Weltregierung.

Wir sind bereits Zeugen dieses Trends geworden. 1917 wurde am Ende des ersten Weltkrieges der Völkerbund, der Vorläufer der UNO, gegründet. Infolge des zweiten Weltkrieges wurden dann die Vereinten Nationen ins Leben gerufen, um die Probleme der Menschheit zu bewältigen. Es ist nur noch ein weiterer weltweiter oder schwerwiegender regionaler Konflikt nötig, um die Schaffung einer Weltregierung zu bewirken.

Gewaltige Kräfte und Einflüsse haben sich aufeinander abgestimmt, um die führenden Politiker und Wirtschaftsspezialisten unserer Zeit vermehrt dahingehend zu beeinflussen, die Lösung der enormen und expandierenden Probleme dieser Welt einzig in einer globalen Föderation beziehungsweise Weltregierung zu suchen.

In den folgenden Kapiteln werden wir einige dieser Kräfte und Strömungen kennenlernen, die auf

* politischer
* wirtschaftlicher und finanzieller
* ideologischer und
* religiöser Ebene tätig sind.

Die Werke, auf die in diesem Buch Bezug genommen wird, können nur andeuten, wie weitreichend diese Bewegung in Richtung auf eine Weltregierung ist.

In seinem ausgezeichneten Buch »En Route To Global Occupation« (»Auf dem Wege zu einer globalen Besatzung«) beschreibt GARY KAH, wie transkontinentale Wirtschaftsbeziehungen, globale Politik, die New-Age-Bewegung, die Freimaurer, die Geheimlehre der Neuen Weltordnung und die kommende weltweite Krise gemeinsam eine weltumfassende Lösung fordern. Dies wird aller Wahrscheinlichkeit nach zur Bildung irgendeiner Art von Weltregierung führen.

Am Schluß seines Buches rät KAH seinen Lesern, ihren jeweiligen Vertretern in der Gesetzgebung folgendes zu schreiben:

> Als Bürger der Vereinigten Staaten von Amerika (oder einer anderen Nation), dessen Rechte durch eine einzigartige Verfassung geschützt sind, möchte ich kein »Weltbürger« werden, der einer Weltregierung und einer Weltverfassung unterstellt ist. Es gehört nicht zu den Aufgaben dieses Landes, sich der Herrschaft der Vereinten Nationen oder einer globalen Nachfolgeorganisation zu unterstellen. Dies zu tun, wäre nicht nur unamerikanisch und verfassungswidrig, sondern auch äußerst gefährlich für die religiöse und politische Freiheit unserer Bürger. Ich bitte Sie deshalb dringend, alles in Ihrer Macht Stehende zu unternehmen, um die Souveränität dieses Volkes zu schützen.[1]

Deshalb erkennen wir die Notwendigkeit an, die schleichende und allgegenwärtige Gefahr der Bagatellisierung unserer nationalen Souveränität zugunsten einer Neuen Weltordnung oder einer Weltregierung aufmerksam zu beobachten. Genau das versucht der Böse seit dem Turmbau zu Babel unablässig zu erreichen. Wir werden sehen, wie er sich sehr unterschiedlicher Mittel bedient, um dieses Ziel zu erreichen!

2. Der wirtschaftliche Faktor

Ein Mittel zur Errichtung einer Weltinstitution oder -regierung ist die Wirtschaft.

Die Banknoten der Bank der Vereinigten Staaten von Amerika werden vom *Federal Reserve Board* gedruckt und sind auch in dessen Besitz. Diese Behörde, deren Sitz auf Jekyll Island vor der Küste North Carolinas ist, bestand von Anfang an aus einigen der einflußreichsten Bankiers der Welt. Unter ihren ersten Mitgliedern waren Senator NELSON W. ALDRICH von der nationalen Währungskommission, HENRY P. DAVISON von J.P. MORGAN AND COMPANY, FRANK A. VANDERLIP, Präsident der National City Bank, A. Piatt Andrews, stellvertretender Finanzminister, und Paul Warburg aus Hamburg, einer der mächtigsten und einflußreichsten unter ihnen.

Eine der ersten großen Banken mit weltweiter Perspektive war die *Morgan Bank.* RON CHERNOW schrieb das wahrscheinlich genaueste und ausführlichste Buch über dieses mächtige und einflußreiche *House of Morgan.*[2] Eine weltumfassende Kontrollfunktion und Perspektive waren in diesem mächtigen Bankhaus im Keim bereits vorhanden. Durch die Kooperation mit anderen berühmten Banken in der Schaffung des *Federal Reserve Board* wurden sie weiterentwickelt.

WILLIAM GREIDER schrieb:

> Als wirtschaftliche Institution erbte der Federal Reserve die noblesse-oblige Rolle, die das House of Morgan nicht länger erfüllen konnte.[3]

Der Kongreßabgeordnete LOUIS MCFADDEN sagte bei der Verabschiedung des *Federal Reserve Act* (Gesetz zur Begründung des *Federal Reserve Board)*:

> ... das Volk der Vereinigten Staaten begriff nicht, daß damit ein Weltbanksystem geschaffen wurde. Ein Superstaat, der von internationalen Bankiers und Industriellen kontrolliert wird, deren Ziel darin besteht, sich die Welt gemeinsam zu ihrem eigenen Vorteil zu unterjochen. Es wurde alles unternommen, um die Macht des *Federal Reserve* zu verheimlichen. Tatsache ist jedoch, daß er die Macht über die Regierung widerrechtlich an sich gerissen hat. Der *Federal Reserve* kontrolliert hier alles und hat unsere gesamte Außenpolitik in der Hand.[4]

Diese Worte MCFADDENS sind den folgenden Aussagen Präsident WOODROW WILSONS verblüffend ähnlich:

> Es existiert eine Macht, die so gut durchorganisiert, raffiniert, konzentriert, ineinander verzahnt, vollkommen und allgegenwärtig ist, daß man sich besser nur im Flüsterton kritisch über sie äußert.[5]

MORGAN war ein berühmter Bankier und entschiedener Verfechter der Neuen Weltordnung. Seine Familie, schreibt RALPH EPPERSON in »The Unseen Hand« (»Die unsichtbare Hand«),

> ... weist in ihrer Geschichte eine lange Linie von Protagonisten des Globalismus auf, die bis auf ALEXANDER HAMILTON, dem ersten amerikanischen Finanzminister und entfernten Verwandten Morgans, zurückgeht.[6]

Vor der Gründung des *Federal Reserve Board* besaß die *Morgan Bank* einen Großteil des Einflusses, der später an diese Behörde überging. Dabei war der überwiegende Teil des besonderen Charakters dieser Bank auf ihre globale Perspektive zurückzuführen. CHERNOW schreibt:

> ... als Kanal des Kapitaltransfers zwischen Amerika und Europa, war es für das *House of Morgan* unerläßlich, seinen Blick ins Ausland zu werfen. So war es einzigartig kosmopolitisch zu einer Zeit, als Amerika noch immer vom Provinzialismus und Isolationalismus geprägt war. Jetzt hat der Rest des Landes aufgeholt. Die einstmals unvergleichlichen Außenverbindungen der *Morgan Bank* entsprechen heute denen vieler Außenministerien, Zentralbanken oder auch multinationaler Aktiengesellschaften.[7]

Vor 1935 war das *House of Morgan* wahrscheinlich die einflußreichste Bank der Geschichte. Vermutlich war sie auch die verschlossenste Bank. Durch ihre Bankiers, einflußreichen Makler und inoffiziellen Regierungsvertreter war sie auf internationalen Konferenzen vertreten.

Ihre Macht war respekteinflößend.

> Ungefähr 78 große Gesellschaften, einschließlich vieler der mächtigsten Aktiengesellschaften des Landes, arbeiteten mit MORGAN zusammen. PIERPONT (der erste Direktor) und seine Partner hatten dafür 72 Direktorenstellen in 112 Gesellschaften inne, die die Finanzwelt, die Eisenbahnen, den Transport und andere öffentliche Versorgungsbetriebe umfaßten.[8]

Außerdem tauschten die Bankiers der Wall Street

> ... blutschänderisch Sitze der verschiedenen Aufsichtsräte aus. Einige Banken hatten so viele sich überlappende Direktorenstellen, daß es schwierig war, sie voneinander zu trennen.[9]

Kein anderer wurde von den neuen finanziellen Machtpositionen mehr ermutigt als Präsident WOODROW WILSON, der »... darauf erpicht war, liberale Träumereien mit dem Geld der Wall Street abzusichern.«[10]

> In dieser Zeit entwickelte TOM LAMONT (ein Morgan-Partner) sein großes Interesse an der Außenpolitik. 1917 bereiste er bereits gemeinsam mit COLONEL (Edward) HOUSE Europa, um die europäische Situation kennenzulernen.[11]

LAMONT wurde zu einem glühenden Verfechter der Vision eines Völkerbundes, wie sie auch von Wilson unterstützt wurde. Den Organisationen, die einen amerikanischen Beitritt zum Völkerbund förderten, leitete er beträchtliche finanzielle Mittel zu.

EPPERSON schreibt über COLONEL HOUSE, er habe WOODROW WILSON geschaffen

> und war auch daran beteiligt, FRANKLIN ROOSEVELT zum Präsidenten der Vereinigten Staaten zu machen.[12]

1912 schrieb HOUSE das Buch »Philip Dru, Administrator« (»Philip Dru, Verwalter«). Die Hauptfigur dieses Buches verhalf Amerika zu einem »Sozialismus, wie ihn KARL MARX erträumte«.[13]

Die Person des Dru schrieb auch die »veraltete ... und groteske Verfassung der Vereinigten Staaten« neu, sagt EPPERSON[14] und fügt hinzu, daß J. P. MORGAN während der ersten Monate des Jahres 1907 in Europa war, um offensichtlich einen Börsenkrach in Amerika durch die *Morgan Bank* heraufzubeschwören, der schließlich zur Vorherrschaft der Banken im Einflußbereich der *Morgan Bank* führte.[15]

SCRIBNERS »Concise Dictionary of Biography« (»Kurzes Lexikon der Biographie«) sagt über COLONEL HOUSE:

> Kein anderer Amerikaner seiner Zeit stand in so enger Verbindung mit so vielen Männern von internationalem Ansehen.

PAT ROBERTSON in »The New World Order« (»Die Neue Weltordnung«) schreibt:

> Außer einem Staatssozialismus wollte HOUSE eine Welteinheitsregierung, eine Welteinheitsarmee, eine Welteinheitswirtschaft, geleitet von einer angelsächsischen Finanzoligarchie, und einen Weltdiktator, dem ein Rat von zwölf Getreuen zur Seite steht.[16]

CHARLES SEYMOUR, dem Biographen von COLONEL HOUSE, zufolge war der Colonel der »unsichtbare Schutzengel« des *Federal Reserve Act*. JAMES PERLOFF bemerkt in »The Shadows of Power« (»Die Schatten der Macht«), daß

> … ein Ziel, das in »Philip Dru« (dem Buch, das COL. HOUSE geschrieben hatte) genannt wird, ein »Völkerbund« ist. Dies ist aber genau der Name, der auf Vorschlag von WOODROW WILSON 1919 auf der Pariser Friedenskonferenz der Weltorganisation verliehen wurde. So wie der Börsenkrach von 1907 dazu genutzt wurde, um eine Zentralbank zu rechtfertigen, wurde der erste Weltkrieg benutzt, um eine Welteinheitsregierung zu rechtfertigen.[17]

Auf der Konferenz in Paris unterbreitete WILSON seine berühmten »Vierzehn Punkte«. Der vierzehnte Punkt beinhaltete

> … einen Vorschlag zu einer »allumfassenden Vereinigung der Völker.« Daraus entsprang der Völkerbund. Dies war

der erste Schritt in Richtung auf das letzte Ziel der internationalen Bankiers: eine Weltregierung – zweifellos unterstützt von einer Weltzentralbank.[18]

Zufällig war COLONEL HOUSE auch eines der Gründungsmitglieder des *Council of Foreign Relations* (CFR). Der Gründungspräsident dieses Rates war JOHN W. DAVIS, persönlicher Anwalt von J. P. MORGAN, der sich selbst zum Millionär hochgearbeitet hatte.

William Greider schreibt in »Secrets of the Temple: How the Federal Reserve Runs the Country« (»Geheimnisse des Tempels: Wie der Federal Reserve das Land führt«):

Einer der niederschmetterndsten Vorwürfe, die seit seinem Anfang im Jahre 1913 gegen den *Federal Reserve* erhoben wurden, war, daß er zu einer Geisel der größten Banken der Wall Street und anderer finanzieller Zentren geworden war.[19]

Sei es nun aufgrund der natürlichen Gegebenheiten oder als Resultat eines bewußten Planes, auf jeden Fall steuern die finanzstarken Männer dieser Welt immer mehr in Richtung auf eine globale wirtschaftliche Einheit. Dabei steht für sie außer Zweifel, daß dies für die Welt in der gegenwärtigen mißlichen Lage tatsächlich der beste Ausweg ist!

Forscher sagen:

Wenn Macht daran gemessen würde, wie schnell und tiefgreifend das Verhalten anderer verändert wird, könnte man mit Recht behaupten, daß der *Federal Reserve* das mächtigste Instrument der Regierung, mit Sicherheit aber auf dem Gebiet des ökonomischen Verhaltens, ist.[20]

Wenn der Schlüssel zur Kontrolle eines Volkes die Einrichtung einer Zentralbank ist, kann man sich das Machtpotential vorstellen, das in einer globalen Zentralbank verborgen liegt, die in der Lage ist, den Kreditverkehr und die Geldmenge der Welt zu diktieren. Die Grundlagen zu einem solchen System wurden 1944 gelegt, als auf der Konferenz von Bretton Woods der Internationale Währungsfonds (IWF) und die Weltbank gegründet wurden. Beide UNO-Organisationen waren Schöpfungen des CFR.[21]

Schon auf der Konferenz in Bretton Woods bemerkte der Gouverneur des *Federal Reserve Board,* Marriner Eccles:

Eine internationale Währung ist gleichbedeutend mit einer internationalen Regierung.[22]

Daher ist der Einfluß, der von der Hochfinanz der Welt ausgeübt wird, beträchtlich. Er entwickelt sich zu einem der machtvollsten Faktoren, die auf eine Internationalisierung, wie sie bereits in der Weltbank und dem Internationalen Währungsfonds beobachtet werden kann, zusteuern und in naher Zukunft ihre Kampagne in Richtung auf irgendeine Art von Weltregierung intensivieren werden.

Wir haben gesehen, wie die finanziellen und ökonomischen Krisen die einflußreichsten Führer immer mehr auf ein globales Verfahren im Umgang mit diesen Problemen zugehen lassen, was schließlich in eine einheitliche weltweite Struktur oder Regierung einmünden wird.

Wir werden sehen, daß viele Männer in der Politik angesichts der gewaltigen politischen Probleme der Welt zu demselben Schluß kommen.

3. Der politische Faktor

Es gibt heute verschiedene Organisationen in der Welt, die an ein und demselben Ziel arbeiten – einer Art von Weltregierung, der die Nationen um des Gemeinwohls willen die individuelle Souveränität unterwerfen. Dabei versucht man uns die Auffassung nahezubringen, daß wir nicht zuallererst Bürger unserer jeweiligen Länder sind, sondern Bürger und Mitbewohner des einen globalen Dorfes namens Erde.

Einige dieser Organisationen, die schon unterschiedlich lange auf dieses Ziel zuarbeiten, sind

* Der *Council of Foreign Relations* (CFR)
* Das *Institute of International Affairs* (IIA)
* *Die Trilaterale Commission*
* *Die Bilderbergers*
* *Der Club of Rome*
* Die Vereinten Nationen
* *Die World Constitution and Parliament Association*

Dies sind nur einige der wichtigsten quasi-politischen Strukturen, die ihren Einfluß und ihr Prestige dazu nutzen, die Welt auf die Eventualität einer Weltregierung vorzubereiten. Allen ist gemeinsam, daß sie in irgendeiner Weise an einer global ausgerichteten Lösung der Probleme der Menschheit arbeiten.

Ganz sicher sind die Mitglieder dieser Organisationen nicht alle skrupellose Menschen, deren Ambitionen von finsteren Motiven genährt werden, wenngleich einige persönlich nach mehr Einfluß und Macht streben mögen. Im allgemeinen kann ihnen ein ernsthaftes Verlangen, daß es dieser Welt besser gehen soll, nicht abgesprochen werden. Sie scheinen wirklich davon überzeugt zu sein, daß eine globale Struktur nötig ist, um die scheinbar unüberwindlichen Probleme zu lösen.

Die Schwierigkeit ist jedoch, daß diese mächtigen Männer, indem sie diese Anliegen in eigener Weisheit und Stärke verfolgen, immer mehr unbewußt zu Marionetten in der Hand des Bösen werden, der seine eigenen Vorstellungen von der Zukunft des Planeten Erde hat. Schon die Bibel sagt: » ... es regt sich schon das Geheimnis der Bosheit ... « (2. THESSALONICHER 2,7).

Wir wollen einige dieser Organisationen etwas genauer unter die Lupe nehmen:

Der Council of Foreign Relations

In »The Shadows of Power« (»Die Schatten der Macht«) schreibt JAMES PERLOFF:

> Lange vor der Abstimmung im Senat erreichte die Nachricht vom Widerstand gegen den Völkerbund COLONEL HOUSE, Mitglieder der *Inquiry* und andere amerikanische Internationalisten, die in Paris versammelt waren. Es war offensichtlich, daß sich Amerika ohne einen Meinungsumschwung der Idee einer Weltregierung nicht anschließen würde. Unter der Anleitung von HOUSE organisierten diese Männer gemeinsam mit einigen britischen Delegierten der

Konferenz eine ganze Reihe von Treffen. Am 30. Mai 1919 wurde während eines Abendessens im *Majestic Hotel* die Gründung eines »*Institute of International Affairs*« beschlossen, das zwei Zweige haben sollte – einen in den Vereinigten Staaten und einen in England.

Der amerikanische Zweig wurde in New York am 29. Juli 1921 als *Council of Foreign Relations* eingetragen…

COLONEL HOUSE war natürlich eines der Gründungsmitglieder des CFR…

…der britische Zweig wurde als *Royal Institute of International Affairs* bekannt.[23]

Die Gründer des CFR standen in enger Verbindung mit J. P. MORGAN und Co. DR. CARROLL QUIGLEY, ein Professor aus Georgetown, bezeichnete den CFR, »in Verbindung mit der sehr kleinen *American-Round-Table*-Gruppe, als Avantgarde von J. P. MORGAN und Co.«[24]

Wie Perloff schreibt:

> Gründungspräsident des CFR war JOHN W. DAVIS, J. P. MORGANS persönlicher Anwalt und Millionär aus eigenem Recht. Vizepräsident war PAUL CRAVATH, dessen Rechtsanwaltsbüro ebenfalls Morgan-Interessen vertrat. Der Morgan-Partner RUSSELL LEFFINGWELL sollte später erster Vorsitzender des Rates werden.[25]

Obwohl die Morgan-Interessen den CFR in seinen frühen Tagen dominierten, verlagerte sich das Schwergewicht schrittweise zu den ROCKEFELLERS hin. Von 1970 bis 1985 war dann DAVID ROCKEFELLER Vorsitzender des Rates.

Es besteht kein Zweifel darüber, daß

> … der Rat, auch wenn er sich nicht zu profilieren sucht, keineswegs ein Geheimbund ist.[26]

Dr. Quigley, selbst Mitglied des Rates, nannte den CFR »eine Avantgarde *(front group)*«, während der Historiker Arthur Schlesinger jr. sich auf ihn als »Vorreiter-Organisation *(front organization)*« bezog. Es ist hilfreich, ihn unter diesem Vorzeichen zu sehen.

In der kaum bekannten Geschichte der mächtigsten Familie Amerikas, »The Rockefeller File« (»Die Akte Rockefeller«), schreibt Gary Allen:

> Die Insider umhüllen ihre Auffassung von den Machtverhältnissen in der Welt gern mit idealistischen Klischees und verstecken ihre wahren Absichten hinter codeartigen Phrasen. Am beliebtesten ist im Moment die »Neue Weltordnung«.
> Dieser Ausdruck ist so alt wie das teuflische System der geheimen Gesellschaft der Illuminaten im 18. Jahrhundert. Ein *novus ordo seculorum* – eine »Neue Weltordnung« – ist tatsächlich nur eine Übersetzung des erklärten Zieles der Illuminaten.[27]

So verwundert es nicht, wenn der ehemalige Gouverneur von New Hampshire, Meldrin Thomson jr., in seiner Empfehlung des Buches von Perloff schreibt:

> Wenn wir die Katastrophe einer Welteinheitsregierung verhindern wollen, wenn wir unsere unschätzbare nationale Souveränität erhalten und weiterhin als freie Menschen leben wollen, muß das amerikanische Volk »The Shadows of Power« (»Die Schatten der Macht«) lesen.[28]

Die Trilaterale Commission

1973 bat David Rockefeller ungefähr 200 führende Bankiers, Geschäftsleute, Politiker und Gewerkschaftsführer aus der ganzen Welt, mit ihm die *Trilaterale Commission* zu bilden.

ZBIGNIEW BRZEZINSKI, der ehemalige Sicherheitsberater von Präsident JIMMY CARTER, wurde erster Direktor der Kommission. BRZEZINSKI, bereits Mitglied im CFR, schrieb im offiziellen Organ des Rates, »Foreign Affairs« (»Außenpolitik«):

> Die Welt wird sich wahrscheinlich nicht (bereitwillig) unter einer gemeinsamen Ideologie oder einer Super-Regierung vereinigen. Die einzige Hoffnung ist jetzt, daß sie auf die gemeinsame Sorge um ihr eigenes Überleben reagieren wird. Der atlantische Rahmen ist heute zu eng gefaßt, um der Fülle von Herausforderungen – und Möglichkeiten –, die sich der internationalen Gemeinschaft bieten, begegnen zu können. In Anerkennung dieser Realität wird jetzt vorgeschlagen, die aktive Förderung einer solchen trilateralen Kooperation zur obersten Priorität der amerikanischen Politik zu machen.[29]

In seinem Buch »Between Two Ages« (»Zwischen zwei Zeitaltern«) versucht BRZEZINSKI zu zeigen, daß » . . . nationale Souveränität nicht länger ein tragbares Konzept ist, [und daß] der Marxismus ein weiteres vitales und kreatives Stadium im Reifeprozeß der universalen Vision der Menschheit darstellt.[30]

Wir werden bei all diesen Leuten immer wieder den Angriff auf die Souveränität oder Nationalität feststellen – eben die Dinge, die Gott geschaffen hat, um eine horizontale Einheit der Menschheit zu verhindern. Gottes Barriere der Nationalität muß zugunsten einer neuen Weltordnung überwunden werden. Die Bürger, selbst wenn sie nicht dieselbe Sprache sprechen, sollen feststellen müssen, daß sie zuallererst Bürger eines einzigen globalen Dorfes namens Erde sind.

Professor Richard Gardner, ein Mitglied des *Council of Foreign Relations* und der *Trilateral Commission* schrieb in »Foreign Affairs« (»Außenpolitik«):

> Die Versuche, sofort eine Weltregierung zu errichten, müssen verändert werden. Ein geschicktes Taktieren, das die nationale Souveränität Stück für Stück untergräbt, wird mehr erreichen als ein altmodischer Frontalangriff.

In den Zitaten auf den folgenden Seiten kommt eben diese Vorstellung – nieder mit der Nationalität, hoch mit dem neuen Welteinheitsbewußtsein – in verschiedenen Formen zum Ausdruck:

Ein Artikel in »Foreign Affairs« (Dezember 1922), dem Sprachrohr des CFR, sagt:

> Es ist klar, daß es weder Frieden noch Wohlstand für die Menschheit geben wird, solange sie in fünfzig oder sechzig unabhängige Staaten unterteilt ist. Genauso offensichtlich ist, daß es keinen beständigen Fortschritt der Zivilisation und Selbstbestimmung der weiter zurückgebliebenen Völker geben wird, bis nicht irgendein internationales System geschaffen ist, das dem diplomatischen Kampf, der mit den Versuchen einer jeden Nation, sich selbst abzusichern, verbunden ist, ein Ende bereitet. Das zentrale Problem von heute ist das einer Weltregierung.

Der Club of Rome

Der *Club of Rome* ist eine Organisation, die den Anspruch erhebt, das Rezept für Weltfrieden und Wohlstand zu besitzen. Aber gewöhnlich propagieren seine Lösungen das Konzept einer Weltregierung im Gegensatz zur individuellen nationalen Souveränität. Bei seiner Eröffnung in der italienischen Hauptstadt 1968 schlug der Club, der durch Führer aus zehn verschiedenen Ländern vertreten war, die Einteilung der Welt in zehn Verwaltungseinheiten oder Reiche folgendermaßen vor:

* Region I: Nordamerika (einschließlich Kanada)
* Region II: Westeuropa
* Region III: Japan
* Region IV: Australien (einschließlich Israel, Südafrika und Neuseeland)
* Region V: Osteuropa (einschließlich Rußland)
* Region VI: Lateinamerika
* Region VII: Naher Osten (alle arabischen Nationen)
* Region VIII: tropisches Afrika (alle schwarzafrikanischen Nationen)
* Region IX: Südostasien (einschließlich Indien und der Philippinen etc.)
* Region X: China etc.

Der Club, dem einflußreiche Spitzenwissenschaftler, Erzieher, Volkswirtschaftler, Industrielle und wichtige Beamte angehören – von denen ein hoher Prozentsatz dem CFR entstammte –, verfaßt periodisch höchst vertrauliche Berichte für die Machtelite.

Aurelio Peccei, der Gründer des Clubs, bemerkte:

> Ihr Modell der Welt, das auf neuen Entwicklungen einer vielschichtigen Theorie eines hierarchischen Systems basiert, unterteilt die Welt in zehn voneinander abhängige und sich gegenseitig beeinflussende Regionen von politischer, ökonomischer und milieubedingter Kohärenz.[31]

Hier stellt sich die Frage, ob diese Einteilung vielleicht dem entspricht, was der Prophet DANIEL in seinen apokalyptischen Visionen sah, als sich die endzeitliche Weltmacht in zehn Königreiche unterteilt darstellte (vgl. DANIEL 2,41; 7,7).

Die Bilderbergers

GARY KAH erklärt in »En Route to Global Occupation« (»Auf dem Weg zu einer globalen Besatzung«), daß der alles bestimmende Zweck der *Bilderbergers,* wie auch der ihrer Schwesterorganisationen, des *Council of Foreign Relations* und Vereinten Nationen, »die Errichtung einer Weltregierung« ist. PRINZ BERNHARD von den Niederlanden, der erste Vorsitzende der Gruppe, schrieb:

> Hierin besteht unsere größte Schwierigkeit. Die Regierungen der freien Nationen werden vom Volk gewählt. Wenn sie etwas tun, was dem Volk mißfällt, werden sie abgesetzt. Es ist schwierig, das Volk, das von Nationalismus geprägt wurde, zu der Idee, einen Teil seiner Souveränität zugunsten einer übernationalen Körperschaft aufzugeben, umzuerziehen ... Das ist die Tragödie.[32]

Prominente *Bilderbergers* waren unter anderen der ehemalige amerikanische Außenminister HENRY KISSINGER, OLAF PALME aus Schweden, der ehemalige niederländische Premierminister BAREND WILLEM BIESHEUVEL, der ehemalige amerikanische Präsident GERALD FORD, der ehemalige Bundeskanzler HELMUT SCHMIDT, MARIANO RUMOR aus Italien und der ehemalige französische Präsident GISCARD D'ESTAING.[33]

Adam Weishaupt, Gründer der berüchtigten Illuminaten, einer geheimen Gesellschaft, die am 1. Mai 1776 gegründet wurde, schrieb:

> Mit der Entstehung der Nationen und Völker hörte die Welt auf, eine große Familie zu sein ... Nationalismus nahm den Platz menschlicher Liebe ein.[34]

Hier begegnet uns wiederum die Ablehnung der von Gott errichteten Barriere der Nationalität. Epperson offenbart Weishaupts Glauben an die Notwendigkeit, die nationalen Regierungen durch eine Weltregierung zu ersetzen.

Der Völkerbund war nach dem Ersten Weltkrieg gebildet worden. Nach dem Zweiten Weltkrieg wurden die Vereinten Nationen eingerichtet. Jedesmal war es die Katastrophe eines weltweiten Konfliktes, die die Menschheit dazu zwang, zu akzeptieren, daß einzig eine internationale Körperschaft oder Regierung den Ausweg aus der scheinbar endlosen Spirale von Krieg und Katastrophen bieten könne.

Wird ein dritter Weltkrieg oder eine weitere weltweite Katastrophe nötig sein, bis die internationale Gemeinschaft den Zukunftsentwurf des *Club of Rome* akzeptiert – ein Weltpräsidium oder eine Weltregierung von zehn Präsidenten (oder Königreichen), in die die Welt bereits eingeteilt ist von denen, die davon überzeugt sind, daß sie dem Leiden der Menschheit ein Ende bereiten können?

Wird das das zehnköpfige Tier sein, das Daniel und Johannes gesehen und beschrieben haben – die Welteinheitsregierung, aus der schließlich ein maliziöser Weltdiktator hervorgehen wird? (Vergleiche Daniel 7,24-27 und Offenbarung 13).

Die Vereinten Nationen

An dieser Stelle ist es wohl angebracht, einige Fakten aus der Geschichte und Entwicklung der Vereinten Nationen aufzuzeigen, die in vieler Hinsicht Vorläufer einer künftigen Weltregierung sein könnte.

In seinem Buch über diese internationale Organisation schreibt Robert W. Lee:

> ... dreißig Jahre lang wurde uns glauben gemacht, daß die internationale Vereinigung, die sich im wirtschaftlichen, politischen, kulturellen, geographischen und sprachlichen babylonischen Turm an den Ufern von New Yorks East River niedergelassen hat, uns von der Geißel des Krieges befreien und unsere persönlichen Freiheiten schützen könne! Doch das ist eine unglaublich wirklichkeitsfremde und gefährliche Annahme.[35]
>
> Am Tag der Vereinten Nationen im Jahre 1975 veröffentlichte der *World Affairs Council* aus Philadelphia die berüchtigte *»Declaration of INTERdependence«* (»Erklärung der gegenseitigen Abhängigkeit«), die von dem internationalistisch gesinnten Historiker Henry Steele Commager verfaßt wurde. Das Dokument ruft »alle Nationen dazu auf, die Vereinten Nationen zu stärken und zu erhalten,« und behauptet, daß »zur Errichtung einer Neuen Weltordnung« »die Befreiung der Menschheit von allen Begrenzungen nationaler Vorurteile unabdingbar« sei.[36]

Wie schon der Präsident der *United World Federalists*, der ehemalige Senator von Pennsylvania, Joseph Clark, sagte: »Der altmodische Patriotismus ist gewiß ein Hindernis für eine Weltregierung.«[37]

Genau diese Einheit wollte Gott verhindern, als er die Menschen in Babel in verschiedene Nationalitäten unterteilte. Doch auch wenn die Vereinten Nationen nur ein erster, vorbereitender Schritt auf dem Weg zu einer Welteinheitsregierung sind, ist es doch so, wie viele Internationalisten im Laufe der Jahre immer wieder gesagt haben:

> Auch wenn die unumgängliche Notwendigkeit einer Organisation, die stärker ist als die Vereinten Nationen, einem jeden denkenden Beobachter klar sein muß, bleibt die Frage, welche Art von Organisation in der Gegenwart realisierbar ist. In anderen Worten: Zeit – sehr viel Zeit – wird notwendig sein, bis eine Weltregierung politisch durchführbar sein wird ... – ALLEN W. DULLES (CFR) und BEATRICE PITNEY LAMB[38]

JOHN FOSTER DULLES, Bruder von ALLEN W. DULLES und selbst Mitglied des CFR, der Präsident DWIGHT EISENHOWERS erster Außenminister wurde, schrieb:

> Die Vereinten Nationen stellen nicht das Endstadium in der Entwicklung einer Weltordnung dar, sondern nur ein primitives Stadium. Deshalb ist ihre vornehmliche Aufgabe die Schaffung von Bedingungen, die eine höher entwickelte Organisation möglich machen.[39]

PHILIP ISLEY, Leiter der *World Constitution and Parliament Association* sagte:

> Diese Probleme, die die Zukunft aller Menschen auf Erden zu zerstören oder doch ernsthaft zu lähmen drohen, können nicht auf lokaler Ebene oder durch Verhandlungen unabhängiger Nationen, weder innerhalb noch außerhalb der Vereinten Nationen, gelöst werden.

Wie wir bereits festgestellt haben, könnten diese »Bedingungen«, auf die die Welt wartet, sehr wohl nach einem dritten Weltkrieg oder einem Konflikt entstehen, der die Nationen zu der unausweichlichen Lösung zwingt – einer Organisation der Vereinten Nationen, die die Autorität einer Weltregierung hat, mit zehn Präsidenten, die je einer der Regionen vorstehen, in die die gelehrten und einflußreichen Mitglieder des *Club of Rome* die Menschheit bereits eingeteilt haben.

NATE KRUPP faßt diesen Trend in Richtung auf eine Welteinheitsregierung prägnant in »The Omega Generation« (»Die Omega-Generation«) zusammen:

> Die Tendenz des Menschen, von einer großen Regierung die Lösung seiner Probleme zu erwarten, wird schließlich zu einer Welteinheitsregierung als letzter Antwort auf die Probleme der Welt führen.

Was sind die Hauptprobleme, der sich die Menschheit heute gegenüber sieht?

1. Die Verhinderung von Kriegen.
2. Die ausreichende Versorgung aller Menschen in der Welt mit Nahrung.
3. Die Abschaffung oder wenigstens Kontrolle des Rüstungswettlaufs, besonders im atomaren Bereich.
4. Die Sicherstellung der weltweiten Treibstoffversorgung, besonders des Bedarfs an Öl.
5. Die Umverteilung des Reichtums an Geld und Gütern, so daß alle genug haben.

U THANT, der ehemalige UNO-Generalsekretär, sagte vor einigen Jahren:

> Das Konzept, die Reichen nach ihren Fähigkeiten zu besteuern, um so die Armen entsprechend ihrer Bedürfnisse versorgen zu können, hat sich mittlerweile als einfache Richtlinie der sozialen Gerechtigkeit in allen demokratischen Ländern eingebürgert.[40]

1942 war John Foster Dulles, der von 1953 bis 1959 amerikanischer Außenminister war, Vorsitzender der *Federal Council of Churches Commission* zur Untersuchung der Grundlage eines »gerechten und dauerhaften Friedens«. Der Bericht, den er vorbereitete, empfahl

> ... eine Weltregierung, starke unmittelbare Begrenzung der nationalen Souveränität, eine internationale Kontrolle aller Land- und Seestreitkräfte, ein universales Geldsystem, weltweite Freiheit der Immigration, eine schrittweise Beseitigung aller Tarif- und Quotenrestriktionen des Welthandels und eine demokratisch kontrollierte Weltbank.[41]

Robert J. Oppenheimer erklärte: »Im Bereich der Atomenergie muß eine Weltmacht eingerichtet werden.« Dr. Ralph Barton Perry von der Harvard Universität meinte: »Eine Welteinheitsregierung ist in Vorbereitung. Ob wir wollen oder nicht, wir bewegen uns in Richtung auf eine Welteinheitsregierung.«[42]

Drei widerwärtige Mächte scheinen plötzlich wie Riesen am Horizont der Menschheit aufgetaucht zu sein: Bevölkerungsexplosion mit der drohenden Hungerkatastrophe; zunehmende Umweltverschmutzung, die mit Vergiftung droht; Atomwaffen mit dem Potential der Massenvernichtung. Diese drei scheinen sich in einer unheilvollen Allianz vereinigt zu haben und treiben die ganze Menschheit unter einer Welteinheitsregierung zusammen. Immer mehr wendet sich der Mensch in diese Richtung als der einzigen Chance zu überleben.[43]

4. Die New-Age-Philosophie

Bisher haben wir gesehen, wie Finanzkreise sowie politische Gruppen und Institutionen den Menschen dahingehend beeinflussen, die Lösung der Menschheitsprobleme einzig in einer Neuen Weltordnung oder Weltregierung zu suchen. Es gibt aber noch andere Strömungen, die diese Vorstellungen ebenso stark vertreten und den Massen aufzwingen wollen. Einige davon sind:

1. Das wachsende Bewußtsein für Gefahren, die durch die Umweltverschmutzung entstehen. Das hat zu Rufen nach einer zwingenden Lösung, die für alle Nationen bindend ist, geführt.
2. Die Expansion von nuklearem Know-how und Kernwaffen.
3. Die Verbreitung von AIDS und anderen Epidemien, deren Bekämpfung aufgrund der immensen Kosten globale Strukturen fordert.
4. Die Abnahme der Bodenschätze und die Gefahr der Überbevölkerung in einigen Gegenden.
5. Hungersnöte in verschiedenen Nationen.

Henry Steele Commager schrieb:

Es ist eine unausweichliche Tatsache, die von der Energiekrise, der Bevölkerungskrise, dem Rüstungswettlauf etc.

> noch dramatisiert wird, daß der Nationalismus, wie wir ihn im 19. und in weiten Teilen des 20. Jahrhunderts kennengelernt haben, in der heutigen Zeit so sehr ein Anachronismus ist, wie die Staatsrechte, als CALHOUN sie verkündigte und JEFFERSON DAVIS für sie kämpfte. Wir wissen oder sollten wissen, daß nicht ein einziges unserer inneren Probleme innerhalb der künstlich festgelegten Grenzen eines Staates gelöst werden kann. Genauso wenig kann auch nur eines unserer globalen Probleme innerhalb der weitgehend künstlichen nationalen Grenzen – künstlich nicht so sehr in den Augen der Geschichte, als vielmehr in den Augen der Natur – gelöst werden.[45]

Eine der Angelegenheiten, die in Finanz- und politischen Kreisen wiederholt zum Ausdruck gebracht wird, ist die Sorge um eine gerechtere Verteilung der Reichtümer und materiellen Ressourcen der Welt.

Die Verherrlichung des Humanismus macht den Menschen unabhängig und den Schöpfer überflüssig. Deshalb begegnet uns hier immer wieder die Rebellion gegen die Barriere, die Gott aufgerichtet hat, um zu verhindern, daß sich die Menschheit gegen ihn und seine Ziele vereinigt. Die humanistische Philosophie vertritt die Ansicht, daß wir den Himmel erreichen und »uns einen Namen machen« können, solange wir uns vereinigen und eins machen. Dies findet Ausdruck im heutigen Streben nach der Einheit der Welt, das weitgehend auf die Anstrengungen, Vorgehensweisen und Weisheit des Menschen aufbaut.

PAT ROBERTSON schreibt in seinem Buch »The New World Order« (»Die Neue Weltordnung«):

> Andere Programme konzentrieren sich auf ökologische Anliegen, das Hungerproblem und Strategien zur Nahrungsverteilung oder auch auf Theorien im Zusammenhang mit einer neuen globalen Wirtschaftsordnung.

Ungefähr 150 Stiftungen, Hilfswerke und Forschungskomitees, von *Amnesty International* bis hin zur *World Future Society,* unterstützen die Forschungen und Entwicklungen dieser Programme. Dutzende von Filmen und anderen Medien sind bereits verfügbar, von PBS-Dokumentationen bis zu *TIME-Life*-Filmen. Eine immense Spannweite von Gelehrten, Statistikern und Wissenschaftlern verbindet sich mit medizinischen, juristischen, ökonomischen, publizistischen und theologischen Kapazitäten. Summa summarum wird die globalistische Gemeinschaft so zu einem der aussichtsreichsten und beachtlichsten aufsteigenden Industriezweig in der heutigen Welt.[46]

Die Sorge um unsere Umwelt und die Notwendigkeit, menschliche Habgier und den Mißbrauch der Ressourcen der Erde in Schranken zu weisen, haben Menschen aus einer Vielfalt von weltanschaulichen Hintergründen zusammengebracht. Der damalige Senator und heutige Vizepräsident der Vereinigten Staaten, Al Gore, hat ein tiefgründiges und leidenschaftliches Buch über diese Problematik mit dem Titel »Earth in the Balance: Ecology and the Human Spirit« (»Die Erde im Gleichgewicht: Ökologie und der menschliche Geist«) geschrieben. Auch wenn Gore die Lösung nicht in der Errichtung einer weltumspannenden Machtzentrale sieht, zögern andere, wie Professor Richard Falk von der Princeton Universität, keineswegs, eine Welteinheitsregierung zu fordern, die sich dieser Mammutprobleme annimmt.

Pat Robertson kommt zu dem Schluß, daß drei Kernfragen in fast jeder Auseinandersetzung über dieses Thema hervorstechen:

1. Anti-Kriegs- und Anti-Atomwaffen-Aktivismus.
2. Ökologie und Umweltschutz.
3. Der Aufstieg einer weltweiten New-Age-Religion.

Die New-Age-Bewegung

Wie keine andere philosophische Richtung der Gegenwart bereitet die New-Age-Religion die Menschen darauf vor, das Konzept einer Neuen Weltordnung zu akzeptieren, in der die Menschen als »Bürger dieses globalen Dorfes Erde« miteinander leben werden, um so weit, wie es unter den beinahe unmöglichen gegenwärtigen Zuständen möglich ist, Frieden und Gerechtigkeit zu verwirklichen. Diese New-Age-Philosophie dehnt sich unterschwellig besonders im Erziehungs- und religiösen Bereich wie ein gigantischer vielarmiger Polyp über die ganze Welt aus.

Eine der Hauptfiguren, die aus der Theosophischen Gesellschaft hervorging, war ALICE BAILEY (1880 - 1949), die in ihrem Buch »Problems of Humanity« (»Probleme der Menschheit«) schrieb:

> Das Reich Gottes wird eine vereinte Welt eröffnen, in der – politisch gesprochen – die Menschheit als Ganzes bei weitem wichtiger ist als jede einzelne Nation. Es wird eine neue Weltordnung geben, die auf Prinzipien aufgebaut ist, die sich von denen der Vergangenheit unterscheiden. In dieser Weltordnung werden die Menschen die geistliche Vision in ihre nationalen Regierungen und Wirtschaftspläne hineintragen. So wird alles unternommen, um Sicherheit und die richtigen menschlichen Beziehungen herbeizuführen ... Deshalb müssen wir vor allem – als Ergebnis eines geistlichen Reifeprozesses – die Abschaffung der beiden Prinzipien sehen, die so viel Böses in die Welt gebracht haben und unter den beiden Worten Souveränität und Nationalismus zusammengefaßt sind.[47]

Mutter BASILEA SCHLINK zitiert in ihrem Buch »New-Age aus biblischer Sicht« die Autorin CONSTANCE CUMBEY:[48]

> Die Wurzeln der New-Age-Bewegung gehen zurück auf die Gründung der theosophischen Gesellschaft 1875 in New York durch die Russin Helena PETROVNA BLAVATSKY. Eine der theosophischen Grundlehren besagt, alle Religionen enthielten »gemeinsame Wahrheiten«, die jeden Unterschied überbrückten. Die Anhänger der theosophischen Gesellschaft »glaubten an die Existenz von 'Meistern'; angeblich waren das entweder Geistwesen oder besonders vom Schicksal begünstigte Menschen, die sich weiter ›entwickelt‹ hatten als die breite Masse« ...[49]

DR. SCHLINK bezieht sich auch auf ALICE BAILEY, die sich ganz dem New-Age-Denken und seiner Philosophie verschrieben hatte:

> Der ALICE BAILEY auf mediale Weise übermittelte »Plan« beinhaltet: Errichtung einer neuen Weltordnung, einer neuen Weltregierung und einer neuen Weltreligion. Das politische Hauptziel der Bewegung ist die Weltherrschaft.[50]

CONSTANCE CUMBEY erklärt in »The Hidden Dangers of the Rainbow« (»Die verborgenen Gefahren des Regenbogens«):

> »Die Auflösung und/oder Zerstörung einzelner Nationalstaaten im Interesse des Friedens und der Erhaltung der Menschheit«[51] wird offen propagiert.
> Auf dem Weg zur Weltherrschaft sind zahlreiche politische, soziale und wirtschaftliche Zwischenziele zu erkennen, unter anderem:
>
> – ein universelles Kreditkartensystem;
> – eine Weltzentrale für die Nahrungsmittelverteilung, die die gesamte Nahrungsmittelversorgung der Menschheit kontrolliert;
> – ein weltweit einheitliches Steuersystem;
> – eine weltweit gültige Verpflichtung zum Wehrdienst (trotz der pazifistischen Ideen!);

- Errichtung eines Weltwirtschaftssystems;
- Übereignung des privaten Eigentums im Kredit- und Transportwesen und in der Massengüterproduktion an ein Weltdirektorat;
- Anerkennung der Notwendigkeit, biologische Fragen, wie die der Bevölkerungsdichte, und das Gesundheitswesen einer weltweiten Kontrolle zu unterwerfen;
- Gewährleistung eines weltweit geltenden Minimums an Freiheit und Wohlstand;
- Pflicht, das persönliche Leben den Zielen eines Weltdirektorats unterzuordnen.[52]

Weitere Merkmale der Bewegung sind

- Ariertum, d.h. Herrschaft der abendländischen Rasse, wie bei Hitler verbunden mit Antisemitismus;
- planetarische Massenweihen (»luziferische Initiationen«, d.h. Weihe der Menschen an Luzifer);
- Säuberungsaktionen, d.h. Umbringen all derer, die diesen Zielen nicht zustimmen;
- Abtreibung und künstliche Befruchtung;
- zwangsweise Begrenzung der Kinderzahl;
- genetische Manipulation.[53]

An dieser Stelle scheint es angebracht, die mystischen Ursprünge eines Großteils der modernen New-Age-Philosophie zurückzuverfolgen. In seinem Kapitel über die New-Age-Bewegung schreibt Gary Kah:

> Die Religion des New-Age ist, ganz einfach gesagt, Pantheismus – der Glaube, daß Gott die Summe all dessen ist, was existiert. Im Glauben der Pantheisten gibt es keinen persönlichen Gott. Statt dessen sieht ihr Konzept Gott als das, was sie als Gotteskraft (oder Lebenskraft) bezeichnen. Sie lehren, daß diese Energie oder Gotteskraft alle lebenden Wesen durchströmt – Pflanzen, Tiere und Menschen. Weil diese Gotteskraft durch einen jeden von uns fließt, so schlie-

ßen sie, müssen wir alle Götter sein, oder doch wenigstens ein Teil Gottes.
Aufgrund dieses Glaubens werden die meisten Pantheisten automatisch das Konzept einer Welteinheitsregierung unterstützen, weil globale Einheit unabdingbar ist für einen ungehinderten Fluß der Gotteskraft.[54]

Und weiter:

Es war eine interessante Entdeckung, daß alle antiken Mysterienreligionen aus biblischer Zeit pantheistisch waren. Der Pantheismus hatte seinen Ursprung in Babylon in Mesopotamien und breitete sich von dort sehr schnell über die gesamte Erdoberfläche aus. Der Hinduismus ist einer der Ableger des babylonischen Pantheismus (durch die Arier des antiken Persien). Und der Buddhismus ist ein Ableger des Hinduismus. Alle heutigen östlichen Religionen lassen sich auf das antike Babylon zurückverfolgen, wo die nachsintflutliche Rebellion gegen Gott ihren Ausgang nahm.[55]

Dr. Schlink fährt fort:

Das Kernstück der geplanten Weltreligion ist die Initiation, die Weihe, die nicht nur von David Spangler, sondern schon in den Schriften von Helena Blavatsky und Alice Bailey ganz offen als »luziferisch« bezeichnet wird. Verschiedene Führer der Bewegung haben versucht, Luzifer auf den Thron zu erheben. Alice Bailey sagte, Luzifer sei der Beherrscher der Menschheit. Jedenfalls ist er der Leitstern der heutigen New-Age-Bewegung.[56]

Um das Jahr 1920 gründete Alice Bailey selbst den Verlag »Lucifer Press«, um durch ihn die Literatur der Theosophischen Gesellschaft drucken und verbreiten zu können. Aufgrund der öffentlichen Empörung über diesen Namen wurde der Verlag bald in »Lucis Press, Ltd.« umbenannt.

Wie GARY KAH beobachtete,

hatte bis vor wenigen Jahren »Lucis Trust«, die Dachorganisation, ihr Hauptquartier bezeichnenderweise im Gebäude der Vereinten Nationen in New York. Sie hat über sechstausend Mitglieder und gehört zu den vielen Stiftungen, die eine Welteinheitsbewegung vorantreiben.[57]

DR. SCHLINK schreibt dazu:

Was die Anhänger der verschiedenen New-Age-Gruppierungen verbindet, ist ein pseudoreligiöses Erlebnis: der Kontakt mit Dämonen durch Drogen, Meditationen, Psychotechniken o.ä. und die Leitung durch dämonische Geister der planetarischen Hierarchie der »Meister der Weisen«, von denen der New-Age-Plan stammt. Sie glauben an Ufos, von denen sie angeblich auch Botschaften bekommen. Innerhalb der New-Age-Bewegung gibt es Gruppen, die sagen, daß ADOLF HITLER einer der ihren war, da er aus den gleichen Quellen schöpfte, gleiche Ziele hatte und mit gleichen Methoden arbeitete.[58]
Eine ganze Anzahl der mächtigsten New-Age-Organisationen, wie *Lucis Trust* und *World Union,* sind mit politischen Welteinheitsgesellschaften eng verbunden und haben direkten Einfluß auf die *World Constitution and Parliament Association* (WCPA), die Organisation, die mit der Aufgabe betraut ist, die Neue Weltordnung herbeizuführen.[59] Wie beim *Club of Rome,* beinhaltet auch der Plan der WCPA eine Welteinheitsregierung über zehn Regionen.

Es gibt eine enge Verflechtung von Mitgliedschaften und Zielen zwischen der WCPA und der *World Union.*

World Union vereinigte sich 1961 mit *World Goodwill* – einer Schöpfung von *Lucis Trust. Lucis* (oder Luzifers) *Trust* ist ein Ableger der Theosophischen Gesellschaft, die auf höchster Ebene eng mit den Freimaurern verbunden ist. Mitglieder von *Lucis Trust* sind bzw. waren: ROBERT MCNAMARA

(Präsident der Weltbank), RONALD REAGAN, HENRY KISSINGER, DAVID ROCKEFELLER, PAUL VOLCKER (ehemals Präsident der *Federal Reserve)* und GEORGE SCHULTZ.[60]

Dieselben Männer finden wir in der Führung des *Council on Foreign Relations* und in der *Trilateral Commission.*

Weil diese Behauptungen der Verflechtung der New-Age-Bewegung mit satanistischen, okkulten, freimaurerischen und maliziös antisemitischen Ideologien so schwerwiegend sind, müssen wir ihnen weiter nachgehen.

GARY KAH sieht eine durchgehende Linie, ausgehend von den antiken Mysterienkulten Babyloniens und Ägyptens, mit ihrem Okkultismus und ihren Praktiken östlicher Religionen, durch verschiedene Stadien bis hin zu den Tempelrittern, Rosenkreuzern, Freimaurern und Illuminaten.[61] Wir wollen diese Linie einmal verfolgen und sehen, ob die Behauptung KAHS wirklich zutrifft.

Von Babylon haben wir gesagt, daß es identisch ist mit dem alten Babel. Die Bibel sagt, daß Babel – das spätere Babylon – im Lande Schinar liegt (1.Mose 10,10).

Der jüdische Historiker JOSEPHUS schreibt:

> Zu dieser Verachtung und Verhöhnung Gottes verleitete [die Menschen] Nebrod [Nimrod] ... Und allmählich verkehrte er sein Benehmen in Tyrannei, weil er die Menschen um so eher von Gott abzuwenden gedachte, wenn sie der eigenen Kraft hartnäckig vertrauten ... Die Menge pflichtete den Absichten Nebrods bereitwillig bei ... Und so machten sie sich an die Erbauung des Turmes, der bei unverdrossener Arbeit und den vielen Arbeitskräften schnell in die Höhe wuchs ... Der Ort des Turmbaues aber wird [bis heute] ... Babylon genannt ...[62]

In Alexander Hislops Buch »The Two Babylons« (»Die zwei Babylons«) finden wir die folgende Passage:

> Wenn der Gründer von Babylons Größe »der gewaltige Jäger« war, dessen Name noch in den Tagen Moses sprichwörtlich gebraucht wurde (1.Mose 10,9): »Daher spricht man: Das ist ein gewaltiger Jäger vor dem Herrn wie Nimrod« – wenn wir den »Schützen« mit Pfeil und Bogen im Symbol der höchsten babylonischen Gottheit, wie auch den »Schützen« im Tierkreis, der in Babylon seinen Ursprung hat, wiederfinden, denke ich, können wir ruhig annehmen, daß dieser als Menschpferd oder Pferdemensch dargestellte Schütze vor allem auf Nimrod bezogen ist ... Diese babylonische Gottheit taucht auch des öfteren in Ägypten unter demselben Namen wie im Lande seines Ursprungs (Babylon) wieder auf – nämlich, als Kind in den Armen seiner Mutter. Auf diese Art und Weise wurde Osiris, »der Sohn, der Ehemann seiner Mutter« oft dargestellt ... Zugegebenermaßen wurde das Geheimsystem der Freimaurer ursprünglich auf der Grundlage des Mysteriums der ägyptischen Isis gegründet, die die Muttergottheit oder auch Frau des Osiris ist.[63]

Ralph Woodrow schreibt in »Babylon Mystery Religion« (»Babylonische Mysterienreligion«)

> Ein Großteil des babylonischen Gottesdienstes wurde durch mystische Symbole vollzogen – es war eine »Mysterienreligion«. Das goldene Kalb, zum Beispiel, war Symbol des Tammus, des Sohnes des Sonnengottes. Da Nimrod als Sonnengott oder Baal aufgefaßt wurde, war das Feuer seine irdische Repräsentation.[64]
>
> Dieses System des Götzendienstes hat sich von Babylon aus unter den Nationen ausgebreitet, denn von diesem Ort aus wurden die Menschen in alle Länder zerstreut (1. Mose 11,9). Bei ihrem Auszug aus Babylon nahmen sie ihre Verehrung der babylonischen Familie (Mutter und Kind) und seine verschiedenen mystischen Symbole mit sich ...

HERODOT, der Weltreisende und Historiker der Antike zum Beispiel, wurde in zahlreichen Ländern Zeuge der Mysterienreligion und ihrer Riten und erwähnt, daß Babylon die Urquelle aller götzendienerischer Systeme war ... BUNSEN behauptet, daß die religiösen Systeme Ägyptens aus Asien und aus »dem primitiven Reich in Babel« stammten. In seinem bekannten Werk mit dem Titel »Ninevah and Its Remains« (»Niniveh und seine Überreste«) erklärt LAYARD, daß sowohl die sakrale wie auch die profane Geschichtsschreibung bezeugt, daß der Götzendienst seinen Ursprung in Babylonien hatte.[65]

Weiter lesen wir in KAHS »En Route to Global Occupation« (»Auf dem Weg zu einer globalen Besatzung«):

> ... im Mittelmeerraum, wo das Evangelium trotz heftiger Verfolgungen der Gläubigen von großen Mengen angenommen wurde ... gab es in wenigen Generationen so viele Christen, daß die Hohenpriester der Mysterien aus Griechenland, Rom und Ägypten die Kontrolle zu verlieren begannen ... bis die okkulten Priester schließlich gezwungen waren, in den Untergrund zu gehen, um ihr geheimes Wissen und ihre Traditionen am Leben erhalten zu können ... Diese okkulten Lehren sind seitdem von Generation zu Generation weitergereicht worden. Im Abendland wurden sie von den geheimen Gesellschaften, die wenig mehr sind als eine Fortsetzung der antiken okkulten Priesterschaft, lebendig erhalten ... Als die Priesterschaften gezwungen wurden, neue Formen anzunehmen, entwickelte sich der Gnostizismus zu einem Magneten für diese okkult Eingeweihten. Zweige des Gnostizismus stellten die ersten bedeutenden Geheimbünde in der Zeit nach der Auferstehung JESU dar, mit unterschiedlichen Ebenen der Initiation, wobei die innersten Zirkel der Initiaten Luzifer anbeteten ... Der Gnostizismus blühte durch verschiedene Auswüchse, wie etwa die Manichäer des dritten Jahrhunderts, die Euchiten im vierten Jahrhundert, die Paulicianer im siebten Jahrhundert oder die Bogomilen des neunten Jahrhunderts.[66]

Kah führt weiter aus, daß in den Grundlagen des Gnostizismus, und besonders in den Lehren der Bogomilen die Rolle Satans oder Luzifers und die des Christus austauschbar waren, wobei Luzifer mehr Macht und Herrlichkeit als Christus selbst zugestanden wurde.

> Es waren derartige Perversionen, die in ungebrochener Tradition von den frühesten Gnostikern an weitergegeben worden waren und dann im zwölften Jahrhundert von den Tempelrittern aufgegriffen wurden.[67]

In ihrem Buch »The Temple and the Lodge« (»Der Tempel und die Loge«) deuten Michael Baigent und Richard Leigh an, daß es enge Verbindungen gab zwischen den Bünden, die später als Freimaurer bekannt wurden, und den frühen Templern. Nach ihren Angaben wurde der Tempelorden zum ersten Mal um 1110 gegründet. Die Ritter nährten die populären Vorstellungen, daß sie in irgendeiner Verbindung mit der Gralsromantik stünden – als »Wächter« des mysteriösen Objektes oder der Einheit, die als Heiliger Gral bekannt ist.

> Inmitten der Mystik, die den Tempelorden umgab, wurde eine ganze Anzahl von Anklängen und Vergleichen vermischt. Josuas Armee, die Makkabäer und die Gralsritter verschwammen mit anderen historischen und/oder legendären Vorbildern – den Adligen von Charlemagne, den Rittern Arthurs von der Tafelrunde und, besonders auf den Britischen Inseln, mit dem *Red Branch of Ulster.* Auch war kriegerische Tapferkeit nicht die einzige Tugend ... die ihnen zugesprochen wurde. In »The Perlesvaus« erscheinen die Templer nicht nur als Krieger, sondern auch als hohe mystische Initiaten. Dies ist bezeichnend, denn den Templern selbst lag viel daran, ihr Image im Volk als Magier, Hexer, Zauberer, Totenbeschwörer, Alchemisten oder Weise, die in erhabene Geheimlehren eingeweiht waren, zu unter-

streichen … Schon zu Lebzeiten hüllten sich die Templer also in Legenden und Mythen. Mit ihrem Tod regten sie dann weitere Legenden und neue Mythen an, die von den Leuten zu »historischen Fakten« umgewandelt wurden. Wie wir sehen werden, war eine dieser besonders mächtigen Umwandlungen die Freimaurerei.[68]

Definitiv scheint es eine historische Verbindung zwischen den Jakobiten und der Freimaurerei gegeben zu haben. BAIGENT und LEIGH behaupten sogar, daß »die Jakobiten die Hauptverwalter und Verbreiter der Freimaurerei« gewesen seien. In jedem Falle scheint es höchst bedeutsam zu sein, daß ADAM WEISHAUPT, der am 1. Mai 1776 den Geheimbund der Illuminaten gründete, in der Geschichte der Freimaurerei als Gründer des Ordens der Illuminaten von Bayern gepriesen wird.[69]

Alle diese Einflüsse hatten auf die eine oder andere Weise Auswirkungen oder gipfelten in der als New-Age bekannten Religion und Philosophie. Die New-Age-Philosophie hat sich somit direkt von Babylon her entwickelt und wird sich am Ende wieder in ein endzeitliches Babylon, wie es die Bibel beschreibt, entfalten. Alle diese Kräfte sind bereits am Werk und werden sich in einem tabufreien Babylon, das vom Okkulten und von menschlicher Anstrengung gekennzeichnet ist, entfalten.

Das letzte Babylon, das von JOHANNES auf Patmos gesehen wird, wird in Rom, der Stadt auf den sieben Hügeln, lokalisiert. Auch Petrus beschreibt das Rom seiner Zeit als Babylon (1. PETRUS 5,13).

Da ADAM WEISHAUPT und die Illuminaten so einen durchschlagenden Effekt auf die nachfolgenden Bewegungen in Richtung auf eine »elitäre« Weltregierung gehabt zu haben scheinen, werden wir uns diesen Mann und seine schemenhafte Organisation noch etwas näher betrachten.

ADAM WEISHAUPT war ein jesuitischer Priester. Zu seinen Lebzeiten annullierte Papst CLEMENS XIV. den Jesuitenorden. Dies war für WEISHAUPT vielleicht nicht der Auslöser. Sicherlich aber hat diese Aktion seinen Ärger gegen das Christentum und besonders gegen die Römisch-katholische Kirche geschürt. Die Annullierung wurde am 21. Juli 1773 angeordnet, drei Jahre bevor WEISHAUPT die berüchtigten Illuminaten gründete.

Der Papst löste den Jesuitenorden auf, weil sich seine Anhänger in politische Angelegenheiten gemischt und so gewisse europäische Regierungen vor den Kopf gestoßen hatten, die sich wiederum beim Vatikan beschwerten. Noch am 28. Februar 1982 gebot PAPST PAUL II. den Jesuiten, »sich aus der Politik fernzuhalten und die römisch-katholische Tradition zu ehren.«[70]

> WEISHAUPT, ein jesuitischer Priester, muß gewiß von der Aktion des Papstes betroffen gewesen sein, möglicherweise so hart, daß er eine Institution zu organisieren wünschte, die stark genug werden würde, um schließlich selbst die Katholische Kirche zerstören zu können.[71]

WEISHAUPT schrieb selbst:

> Mit der Entstehung von Nationen und Völkern hörte die Welt auf, eine große Familie zu sein ... Nationalismus nahm den Platz der menschlichen Liebe ein ...[72]

Wiederum ist es bezeichnend, daß WEISHAUPT eben die Barriere des Nationalismus angriff, die Gott aufgerichtet hatte, als die Menschheit sich im Aufstand gegen ihn in Babel vereinigte. WEISHAUPT erkannte eindeutig, daß ihm der Nationalismus bei der Erreichung seines unheimlichen Zieles – der Schaffung einer Weltregierung, die von Mitgliedern der Illuminaten beherrscht würde – im Weg stand.

> Die Jünger [der Illuminaten] sind davon überzeugt, daß ihr Orden die Welt beherrschen wird. Ein jedes Mitglied wird deshalb ein Herrscher werden.[73]

Epperson schreibt:

> 1777 wurde Weishaupt in den Freimaurerorden, die Loge Theodors vom Guten Rat in München initiiert. Der Zweck seines Beitritts war nicht, Teil eines gemeinnützigen Ordens zu sein, sondern ihn zu infiltrieren und dann ganz zu kontrollieren ... In der Folge löste die bayrische Regierung, die die Philosophie und den Zweck der Illuminaten durchschaut hatte, den Orden auf ... Eines der Länder, in das die Illuminaten flohen, war Amerika. 1786 formierten sie in Virginia ihre erste Abteilung, der vierzehn weitere in verschiedenen Städten folgten. Sie organisierten die *Callo-Italian Society,* und bei Beginn der amerikanischen Revolution begannen sich die Jünger in Amerika Jakobinen zu nennen.[74]

Bei der Beschreibung der Kräfte und Bewegungen, die gemeinsam auf eine globale Besatzung oder Weltregierung zuarbeiten, widmet Gary Kah den Freimaurern ein ganzes Kapitel seines Buches unter dem Titel »die verborgenen Katalysatoren«. Nachdem wir gesehen haben, daß seit den Tagen des enttäuschten und bösartig inspirierten Weishaupt eine Verbindung zwischen den Illuminaten, Jakobinen und Freimaurern bestand, wäre es vernünftig, diese Sache weiter zu untersuchen.

Alice Bailey, die eng mit der New-Age-Bewegung verbunden ist, schreibt in ihrem Buch »The Externalization of the Hierarchy« (»Die Veräußerlichung der Hierarchie«) die folgende, höchst bedeutsame Passage:

Wenn die Bewegung der Freimaurerei von der Politik, sozialen Zielen und besonders von ihrem gegenwärtig so lähmenden Zustand der Trägheit gelöst werden kann, wird sie die Bedürfnisse derjenigen, die die Macht haben können und sollten, erfüllen. Sie ist der Verwalter des Gesetzes; sie ist die Heimat der Mysterien und der Sitz der Initiation. Sie enthält in ihrem Symbolismus das Ritual der Gottheit, und der Weg der Erlösung ist bildhaft in ihrem Werk enthalten. Die Methoden der Gottheit werden in ihren Tempeln demonstriert, und unter dem alles-sehenden Auge kann das Werk fortschreiten. Sie ist eine bei weitem okkultere Organisation als allgemein angenommen und ist dafür vorgesehen, die Ausbildungsstätte für die künftigen fortgeschrittenen Okkultisten zu sein. In ihren Zeremonien liegen die Kräfte verborgen, auf die das Wachstum und das Leben der Reiche der Natur und der Entfaltung des göttlichen Aspekts im Menschen zurückzuführen ist.[75]

Kah bestätigt:

Foster Bailey, der Mann von Alice, befaßte sich mit der Freimaurerei und schrieb sogar ein Buch über die Organisation mit dem Titel »The Spirit of Masonry« (»Der Geist der Freimaurerei«).[76]

Auch Madame Blavatsky, die Vorläuferin Baileys, war Mitglied in Freimaurerlogen. Caro Cardinal y Rodrigues, Erzbischof von Santiago de Chile, schreibt in seinem Buch »The Mystery of Freemasonry Unveiled« (»Die Enthüllung des Geheimnisses der Freimaurerei«):

Madame Blavatsky, die Gründerin der Theosophie in Europa, war ebenfalls ein Mitglied in Freimaurerlogen. Ihre Nachfolgerin, Annie Besant, Präsidentin der Theosophischen Gesellschaft im Jahre 1911, war Vizepräsidentin und Großlehrer des *Supreme Council of the International Order of Co-Masonry* ... und unter uns, in unserer Stadt, sind es in erster Linie die Freimaurerbrüder, die am meisten zur Verbreitung der Theosophischen Gesellschaft beitragen.[77]

Die Diskrepanz zwischen den Aussagen der Freimaurer, die noch Mitglieder einer Loge sind, und den Enthüllungen ehemaliger Freimaurer, ist auf die Furcht zurückzuführen, den geleisteten Schweigeeid zu brechen.

KAH schreibt:

> Die Geschichte der Freimaurerei, so meine Entdeckung, ist auch die Geschichte der geheimen Gesellschaften. Und die Geschichte der geheimen Gesellschaften ist auch die des organisierten Okkultismus – insbesondere im Abendland ... In dem 861 Seiten umfassenden Klassiker über den Okkultismus unter dem Titel »Morals and Dogma of the Ancient and Accepted Scottish Rite of Freemasonry« (»Ethik und Dogma des alten und anerkannten schottischen Ritus der Freimaurer«) schöpft ALBERT PIKE aus den Quellen, die ihm als langjährigem (1859-1891) Führer der Freimaurerei offenstanden. Er verfolgt das chronologische Wachstum und die Verbreitung der Mysterien über die ganze Erde vom alten Babylon bis hin zu den Freimaurerorden der Gegenwart.[78]

Nachdem auf die wesentlichen Gefahren dieser Bewegungen hingewiesen wurde, möchte ich ausdrücklich betonen, daß viele ihrer Mitglieder, seien es nun Freimaurer, aber auch Anhänger des New-Age oder ähnlicher Bewegungen, keine Ahnung von den gefährlichen und bösartigen Ursprüngen und Zielsetzungen dieser Bewegungen haben. Sie sind einfach nur auf der Suche nach einer besseren und gerechteren Welt und nach besseren Beziehungen der Menschen untereinander.

5. Wird sich die Geschichte wiederholen?

Für den Fall, daß jemand das gesammelte Beweismaterial noch immer verniedlichen und als übertriebenes Gerede oder einschüchternde Volksverhetzung abtun sollte, wollen wir sehen, wie Philosophien und Menschen mit ähnlichem Hintergrund in der Vergangenheit zu so furchtbaren Regimen, wie dem HITLERS, geführt haben, und wie sie in der Zukunft durchaus einem ähnlichen, wenn nicht sogar schlimmeren Diktator zur Macht verhelfen könnten.

Im folgenden wird ausführlich aus dem Buch »The Twisted Cross« (»Das verzerrte Kreuz«) zitiert, dessen Autor, JOSEPH CARR, den Einfluß des Okkultismus auf ADOLF HITLER untersucht hat:

> Die Thule-Gesellschaft hatte einen so tiefgreifenden Einfluß auf ADOLF HITLER, daß mit Recht gesagt werden kann, daß diese kleine Gruppe okkulter Käuze buchstäblich den Lauf der Weltgeschichte verändert hat. Sie hatten einen Einfluß auf die Geschichte, der in keiner Weise ihrer Größe oder Bedeutung entspricht.
>
> Die okkulten Ideen ADOLF HITLERS waren weder neu, noch fanden sie mit ihm ein Ende ... Genau wie die gegenwärtigen »New-Ager«, strebte HITLER einen evolutionären Sprung hin zu einer höheren Art Mensch an, den die New-Ager heute *homo noeticus* nennen.
>
> Die heutige New-Age-Bewegung, die von Schülern von ALICE A. BAILEY geführt wird, vertritt beinahe genau dasselbe Weltbild wie die Nazis.[79]

Eines der Bücher, die HITLER auf seinem Nachttisch liegen hatte, und auf das er sich immer wieder bezog, war »The Secret Doctrine« (»Die Geheimlehre«) von Madame HELENA P. BLAVATSKY. CARR schreibt dazu:

> Das Buch »The Secret Doctrine« (»Die Geheimlehre«) wurde HITLER in den frühen zwanziger Jahren von DIETRICH ECKART vorgestellt. Seine Geheimnisse lernte er dann bei dem Professor und General KARL HAUSHOFER kennen.[80]
>
> Während und direkt nach dem Ersten Weltkrieg gab es in Deutschland zahlreiche okkulte Geheimbünde. Einige waren nach der Art der Rosenkreuzer organisiert, während sich andere an die Theosophen anlehnten. Andere, wie der Hammerbund und der Wandervogel, waren hyperpatriotische, nordisch-rassistische Kulte, die die nordischen Götter des vorchristlichen Deutschland verehrten. Nur einige wenige scheinen tief in verbotenen okkulten Lehren verwurzelt gewesen zu sein. Die meisten dieser Gruppen benutzten die Schriften von Madame BLAVATSKY als ihre »Bibel«. Unter diesen Gruppen befanden sich auch die Anhänger von ALEISTER CROWLEYS »Magick«, die Vril-Gesellschaft und die Thule-Gesellschaft.[81]
>
> Es ist bekannt, daß die »Luminous Lodge« (»Leuchtende/Lichtvolle Loge«) (oder Vril-Gesellschaft) in Frankreich ihren Ausgang nahm und mit dem französischen Schriftsteller LOUIS JACOLLIOT (1837-1890) in Zusammenhang gebracht wird. Dieser esoterische französische Schriftsteller bezog viele seiner Materialien aus okkulten Quellen, wie zum Beispiel den Swedenborgianern. Mit der Vril-Gesellschaft werden auch die Lehren des im 16. Jahrhundert lebenden Mystikers JAKOB BOEHME (einem Mitbegründer der modernen Rosenkreuzer) und CLAUDE DE ST. MARTIN, ein Führer des französischen Illuminismus während des frühen 19. Jahrhunderts, assoziiert.[82]

In den frühesten Berichten der Vril-Gesellschaft taucht der Name des Professors und Generals KARL HAUSHOFER auf, einem Freund und Lehrer HITLERS, der Mitglied in der Berliner Loge der Gesellschaft war.

1918 ging HAUSHOFER nach München, das zu jener Zeit zu einem Zentrum und Anziehungspunkt vieler verschiedener okkulter und rassistischer Gruppen geworden war. Diese Gruppen formierten sich in Geheimbünden; dort wurde Haushofer schließlich auch Mitglied der NSDAP.

KARL HAUSHOFER wird weitgehend als Vater der geopolitischen Theorien angesehen, die von HITLER in die Praxis umgesetzt wurden.

Wie in den meisten okkultistischen Gruppen Bayerns in der Zeit nach dem Ersten Weltkrieg, war auch in der Vril-Gesellschaft eine minimale Kenntnis der »Geheimlehre« BLAVATSKYS Grundbedingung für die Aufnahme. (BLAVATSKY übte einen großen Einfluß auf die Formulierung der Philosophie der New-Age-Bewegung aus.)

KARL HAUSHOFER war angeblich ein Meister der von BLAVATSKY propagierten Geheimlehren. Er war es dann auch, der den Gefangenen HITLER auf der Feste Landsberg einweihte.

Sowohl JOSEPH CARR als auch WULF SCHWARZWÄLLER behaupten, daß HITLER möglicherweise deshalb okkulte Gruppierungen jeglicher Art verfolgte, sobald er an die Macht gekommen war, weil er verschleiern wollte, wie sehr seine eigene Philosophie vom Okkultismus beeinflußt war.

WULF SCHWARZWÄLLER schreibt den folgenden erstaunlichen Abschnitt in seinem Buch »The Unknown Hitler« (»Der unbekannte Hitler«):

> General KARL HAUSHOFER, der Mentor von RUDOLF HESS, ein Universitätsprofessor und Direktor des Münch-

> ner Instituts für Geopolitik, war ein regelmäßiger Besucher in Landsberg ... HAUSHOFER war nicht nur ein berühmter Geopolitiker, sondern hatte auch eine Neigung zum Esoterischen. Als Militärattaché in Japan hatte er den Zen-Buddhismus kennengelernt. Durch tibetanische Lamas hatte er Initiationen erfahren. Bald wurde er zu HITLERS zweitem »esoterischem Mentor« und nahm zeitweise die Stelle von DIETRICH ECKART ein. In Berlin hatte HAUSHOFER eine Geheimloge, die »Luminous Lodge« (»Leuchtende/Lichtvolle Loge«) oder Vril-Gesellschaft gegründet. Das Hauptziel dieser Loge war die Erforschung der Ursprünge der arischen Rasse und die Ausführung von Konzentrationsübungen zur Erweckung der Kräfte des »Vril«, die im großen und ganzen der Kundalinienergie des Hinduismus entspricht. HAUSHOFER war Schüler des russischen Magiers und Esoterikers GREGOR IVANOVITSCH GURDYEV. Sowohl GURDYEV als auch HAUSHOFER behaupteten, Kontakte mit geheimen tibetanischen Logen zu haben, die das Geheimnis des Übermenschen besäßen. Sie nahmen die Vorstellung des Kommens einer Rasse des Übermenschen ganz wörtlich.[83]

Um etwas mehr über die Thule-Gesellschaft und die Person von DIETRICH ECKART zu sagen, die beide das Denken und die Philosophie HITLERS entscheidend beeinflußten, wird im folgenden ausführlich aus SCHWARZWÄLLERS gut dokumentierter Studie zitiert:

> Im Jahre 1912 entschieden sich mehrere deutsche Okkultisten mit radikalen antisemitischen Neigungen, eine »magische« Loge zu bilden, die sie den teutonischen Orden nannten. Dieser Orden war nach dem Muster der Freimaurer oder Rosenkreuzer organisiert und hatte unterschiedliche Ebenen der Initiation, obwohl er sich als eingeschworenen Gegner von Marxisten und Juden verstand ... Eines der Mitglieder, RUDOLF GLAUER, ein Abenteurer, der aus Schlesien stammte, einen türkischen Paß besaß und Sufi-

Meditation praktizierte ... wurde Großmeister der bayrischen Ordensprovinz und gründete die Thule-Gesellschaft ... Die Thule-Gesellschaft leitete ihren Namen von einer legendären, prähistorischen nordischen Zivilisation ab. Als Symbol wurde das abgerundete Hakenkreuz mit Kranz und Schwertern gewählt. Die Thule-Gesellschaft ist im Münchner Vereinsregister unter dem unschuldig klingenden Namen »Study Group for Teutonic Antiquity« (»Studiengemeinschaft für das teutonische Altertum«) aufgeführt. Äußerlich stellte sich die Gesellschaft anfangs als Literatenzirkel dar, der sich um die Erforschung antiker deutscher Geschichte und Bräuche mühte.
Der »innere Kreis« der Thule-Gesellschaft war relativ klein und nur für eingeweihte esoterische Meister zugänglich. Hier wurden okkulte und magische Rituale mit großer Ernsthaftigkeit ausgeübt. Es gab geheime Erkennungszeichen, Symbole und alles Drum und Dran einer mystisch-esoterischen Bruderschaft. Es gab Querverbindungen mit der englischen »Brotherhood of the Golden Dawn« (»Bruderschaft der goldenen Dämmerung«), den Theosophen der Madame Blavatsky und dem berüchtigten Magier und Abenteurer Aleister Crowley.
Die Deutsche Arbeiterpartei wurde ... von der Thule-Gesellschaft gegründet und kontrolliert. Die Thule war die »Mutter« der Deutschen Sozialistischen Partei ...[84]

Schwarzwäller fährt fort:

Die ersten Monate von Hitlers politischen Aktivitäten im Rahmen der Deutschen Arbeiterpartei waren von heißen Debatten gekennzeichnet ... die Thule-Gesellschaft lieferte noch nicht sehr viel Geld und niemand schien zu wissen, wie man eine Massenpartei aufbaut ... all dies veränderte sich umgehend gegen Ende des Jahres 1919, als Hitler seinen Mentor traf, einen Mann mit Namen Dietrich Eckart ... Dieses Zusammentreffen war möglicherweise das entscheidendste in Hitlers Leben. Eckart prägte Hitler und veränderte sein öffentliches Auftreten von

Grund auf ... 1923 schrieb DIETRICH ECKART kurz vor seinem Tode an einen Freund: »Folge Hitler! Er wird tanzen, aber nach meiner Musik. Wir haben ihm die Mittel gegeben, mit ihnen in Kontakt zu bleiben (und zwar mit den »Meistern«). Traure nicht um mich. Ich habe die Geschichte mehr als irgendein anderer Deutscher beeinflußt« ... ECKART war nicht nur ein starker Trinker, sondern nahm auch Drogen, einschließlich Peyote, ein südamerikanisches Halluzinogen, das ALEISTER CROWLEY in Europas artistischen und okkulten Kreisen eingeführt hatte ... ECKART war auch ein hingegebener Okkultist und Meister der Magie. Als »Initiate« (Eingeweihter) gehörte er zum inneren Zirkel der Thule-Gesellschaft wie auch anderer Orden. Er war Rosenkreuzer und Freimaurer gewesen, hatte aber mit ihnen gebrochen, weil er sich als Rassist dem Internationalismus der Freimaurerei nicht anschließen konnte.[85]

HITLER widmete sein Handbuch »Mein Kampf« DIETRICH ECKART, seinem magischen Mentor, den der Nazi-Führer sogar seinen »Johannes der Täufer« nannte.

Bis jetzt haben wir uns auf die beiden Schwestergesellschaften, die Vril- und die Thule-Gesellschaft, und die beiden Männer, die in besonderer Weise mit ihnen verbunden sind, KARL HAUSHOFER und DIETRICH ECKART, konzentriert. Ebenso wie diese Philosophien und Männer in der Lage waren, ein bösartiges Regierungssystem und eine Diktatur hervorzubringen, könnte das verwandte Gedankengebäude der New-Age-Bewegung letztendlich zu einem gleichermaßen ungeheuren System führen, wenn sie nicht beizeiten demaskiert wird. Der Unterschied wäre, daß es dieses Mal auf weltweiter Ebene geschehen würde, mit einem maliziösen Weltdiktator, wie er so oft in der Bibel vorhergesagt wird.

HITLER und sein Drittes Reich waren in mancher Hinsicht nur Vorläufer des weltweiten Reiches mit seinem bösen Herrscher. Der kommende Pseudo-Messias wird als Mann des Friedens eine weltweite Reform initiieren, genau wie HITLER es getan hat, bevor er sich dann als ein Mensch der Bosheit offenbarte, wie es die Bibel voraussieht.

Dieser Ausblick ist in der Tat furchterregend. Aber es ist so, wie das Sprichwort sagt: Wer die Vergangenheit vergißt, ist dazu verurteilt, sie zu wiederholen – und zwar zu seinem eigenen Leidwesen.

Bisher haben wir gesehen, welch enorme finanzielle, wirtschaftliche, ökologische, politische und philosophische Druckmittel und Einflüsse am Werk sind, von denen jedes auf seine Weise eine Welteinheitsregierung anstrebt – eine Regierung, unter der die Menschheit auf einer höheren Ebene in Frieden und Gerechtigkeit leben kann.

Wir können nur wenig tun, um dies zu verhindern. Die Bibel prophezeit, daß es am Ende der Zeit so kommen muß. Aber es ist sicher weise und wichtig, sich die gewaltigen Gefahren, die damit verbunden sind, besonders im Lichte der Geschichte vor Augen zu führen.

Der Apostel PAULUS warnt uns, daß das »Geheimnis der Bosheit« schon zu seiner Zeit am Werk war. Durch die Jahrhunderte hindurch hat sich dieses »Geheimnis der Bosheit« in vielen verschiedenen Philosophien und Personen realisiert. Eine jede erhob sich und beanspruchte, die erlösende Bewegung für ihre jeweilige Nation und Gesellschaft zu sein: die Französische Revolution und Aufklärung unter dem Einfluß von VOLTAIRE und ROUSSEAU; die Kommunistische Revolution unter dem Einfluß von MARX und LENIN; der Nationalsozialismus ADOLF HITLERS.

Ein jeder beanspruchte für seine eigene Bewegung und Ideologie, daß sie letztendlich zu einer besseren und humaneren Gesellschaft führen werde, auch wenn in jedem

Falle die Notwendigkeit zu viel Gewalt und Blutvergießen bestand.

Die blutige Geschichte sowohl der Französischen und Kommunistischen Revolution als auch des Nazi-Regimes sind uns wohlbekannt. Der Tod und die Brutalität, die darauf warten, sich im Rahmen der New-Age-Bewegung zu manifestieren und in ihrer Ideologie verborgen liegen, sind bei weitem weniger offensichtlich, selbst für viele New-Age-Anhänger. Genau deshalb müssen wir diese Tatsachen so ernsthaft ins Auge fassen.

Wir mögen – wie jede Generation vor uns – denken, daß wir klüger sind, daß wir nicht dieselben Fehler machen werden, daß wir aus dem Debakel HITLERS, LENINS und STALINS, dem Zusammenbruch des Nationalsozialismus und des Kommunismus gelernt haben. Doch trotz allem stehen wir in der Gefahr, selbst in dieselben Gruben und Fallen zu laufen wie die Generationen vor uns.

Diejenigen, die die Bibel für ein naives Buch halten – gerade recht für Kinder und alte Leute –, werden schokkiert sein, wenn sie sehen, wie das Wirklichkeit wird, was ziemlich präzise und in farbigen Details über das schreckliche Ende dieser Welt unter einer Welteinheitsregierung beschrieben ist.

Bisher wurde meist aus säkularen Quellen zitiert. Alle führen jedoch zu denselben Schlußfolgerungen, die schon von der Heiligen Schrift angedeutet werden: daß es am Ende ein zehnköpfiges Ungeheuer oder ein Weltreich geben wird, das die gesamte Welt niedertrampeln wird, wie der Prophet DANIEL und JOHANNES auf der Insel Patmos vorausgesehen haben. Im Rahmen dieser Regierung wird sich ein Herrscher vom Schlage HITLERS und STALINS erheben, der einzig an sich selbst glaubt und keinerlei Ehrfurcht oder Respekt vor Gott oder irgend jemand sonst haben wird.

> »Danach sah ich in diesem Gesicht in der Nacht, und siehe, ein viertes Tier war furchtbar und schrecklich und sehr stark und hatte große eiserne Zähne, fraß um sich und zermalmte, und was übrigblieb, zertrat es mit seinen Füßen. Es war auch ganz anders als die vorigen Tiere und hatte zehn Hörner. Als ich aber auf die Hörner achtgab, siehe, da brach ein anderes kleines Horn zwischen ihnen hervor, vor dem drei der vorigen Hörner ausgerissen wurden. Und siehe, das Horn hatte Augen wie Menschenaugen und ein Maul; das redete große Dinge« (DANIEL 7,7-8).

Dazu wird DANIEL die Erklärung gegeben:

> »Er sprach: Das vierte Tier wird das vierte Königreich auf Erden sein; das wird ganz anders sein als alle andern Königreiche; es wird alle Länder fressen, zertreten und zermalmen. Die zehn Hörner bedeuten zehn Könige, die aus diesem Königreich hervorgehen werden. Nach ihnen aber wird ein anderer aufkommen, der wird ganz anders sein als die vorigen und wird drei Könige stürzen. Er wird den Höchsten lästern und die Heiligen des Höchsten vernichten und wird sich unterstehen, Festzeiten und Gesetz zu ändern. Sie werden in seine Hand gegeben werden eine Zeit und zwei Zeiten und eine halbe Zeit [d. h. dreieinhalb Jahre]« (DANIEL 7,23-25).

Im Lichte dessen, was in diesem und den vorausgegangenen Kapiteln beschrieben wurde, scheint eine derartige Entwicklung der Dinge höchstwahrscheinlich. Der Mensch wird nicht glauben wollen, daß wir Gott brauchen, um zu einem rechten Zustand auf diesem Planeten zu gelangen, oder daß wir uns zu ihm hinwenden müssen, weg von unseren eigenen bösen und selbstsüchtigen Wegen, um

Weisheit und Erlösung zu erlangen, sowohl für uns persönlich als auch für die Welt, in der wir leben.

Trotz all der Fehler der Vergangenheit findet das Unglaubliche immer wieder eine Fortsetzung: Der Mensch glaubt auch weiterhin an seine eigenen Vorstellungen und Anstrengungen, anstatt sich von sich selbst abzuwenden, hin zu Gott, um Hilfe zu erlangen. Vollkommen indiskutabel scheint Gottes eigener, so oft aufgezeigter Plan zu sein, nach dem diese Erde wieder zu einem Paradies werden soll – ein Paradies, in dem die Nationen nicht länger Kriege gegeneinander führen werden und jeder in seinem Garten (unter seinem Feigenbaum) in Frieden und Gerechtigkeit sitzen wird, so daß, wie heute das Wasser die Meere erfüllt, dann seine Herrlichkeit und Gerechtigkeit die Erde füllen wird.

Aber trotz allem menschlichen Versagen zieht es die Menschheit noch immer vor, an ihre eigene Weisheit und ihre eigenen Pläne zu glauben. Dabei weigert sich der Mensch beharrlich, zu Gott umzukehren und wendet sich in seiner Suche nach einem Ausweg lieber an Geister und »höhere Wesen«, um zu seinen Zielen zu gelangen.

6. Welche Rolle wird die Kirche spielen?

Es ist nicht nur die säkulare Menschheit, die sich der Vision eines vereinigten Babel oder Babylon, das bereits im Entstehen ist, unterwerfen wird. Viele in der Kirche, die es eigentlich besser wissen sollten, sind dieser Vision bereits ebenfalls zum Opfer gefallen und sind gewillt, sie mit ihrem Namen und ihren Anstrengungen zu unterstützen.

Es ist so, wie schon JOHANNES auf Patmos sah, daß, wenn das Tier mit den zehn Hörnern schließlich »aus dem Abgrund« aufsteigt (OFFENBARUNG 17,8), die Kirche wie eine Hure auf diesem Tier sitzen wird. Dies ist die Stadt auf den sieben Hügeln.

> »Und es kam einer von den sieben Engeln, die die sieben Schalen hatten, redete mit mir und sprach: Komm, ich will dir zeigen das Gericht über die große Hure, die an vielen Wassern sitzt, mit der die Könige auf Erden Hurerei getrieben haben ... Und er brachte mich im Geist in die Wüste. Und ich sah eine Frau auf einem scharlachroten Tier sitzen, das war voll lästerlicher Namen und hatte sieben Häupter und zehn Hörner ... und auf ihrer Stirn war geschrieben ein Name, ein Geheimnis: DAS GROSSE BABYLON, DIE MUTTER DER HUREREI UND ALLER GREUEL AUF ERDEN« (OFFENBARUNG 17,1-3.5).

Bereitwillig kooperierte die institutionalisierte Kirche im Laufe der Geschichte mit den blutrünstigsten Regierungssystemen, selbst mit den Nazis. Das führt zu der Annahme, daß das, was der Apostel JOHANNES sah, in Zukunft mit Sicherheit möglich sein wird: daß am Ende der Zeit die abgefallene Kirche gleich einer Hure auf dem Tier mit den zehn Hörnern sitzt, auch wenn sich dieses Tier letztendlich gegen sie wenden und die Hure hassen wird (vgl. OFFENBARUNG 17, 16). Dies ist mit Sicherheit nicht unmöglich, wenn man bedenkt, wie die traditionellen Kirchen in der Vergangenheit so oft getäuscht und so zu Instrumenten – oder Kollaborateuren – des Bösen wurden, selbst in den schrecklichen Tagen der Nazis.

Um dies zu belegen, wollen wir in der Geschichte sehen, wie eine abgefallene Kirche in der Lage war, die größten Greueltaten zu begehen und mit den allerschlimmsten Systemen zu kollaborieren. Wenn wir als Kirche, als Gemeinde, aus diesen traurigen Beispielen nicht lernen, könnte es durchaus sein, daß sie sich in naher Zukunft in schlimmerer Form und größerer Dimension wiederholen.

Niemand, der offen dem Versagen und den Grausamkeiten, die im Laufe der Geschichte von der institutionalisierten Kirche begangen wurden, ins Angesicht schaut, kann die Möglichkeit leugnen, daß das, was auf einer unglaublich breiten Basis passiert ist, leicht wieder passieren könnte – ganz sicher, wenn wir uns nicht demütigen und aus der furchtbaren Vergangenheit lernen.

In einigen Teilen der Welt hat die traditionelle Kirche bereits mörderischen Terrororganisationen die Hand gereicht. Manchmal fungierte ihre verführte Geistlichkeit sogar schon als Waffenschmuggler dieser Organisationen!

Es ist nur wenige Jahre her, daß der südafrikanische anglikanische Erzbischof DESMOND TUTU nach Israel ins Heilige Land zu einem hochpolitisierten Besuch kam. Am Heiligabend, als er und sein Gastgeber, Bischof SAMIR

Kafity von der St. George's Kathedrale in Jerusalem, die Hirtenfelder in Bethlehem besuchten, wo die Engel einst gesungen hatten, »Friede auf Erden bei den Menschen seines Wohlgefallens!«, erwartete die beiden Bischöfe der Kirche ein ganz anderer Chor. Ungefähr 8000 palästinensische Jugendliche – deren Versammlung bewußt organisiert worden war – begrüßten die Geistlichen mit dem Gesang: »ANC – PLO, Israel – Nein!«

Keiner der Bischöfe wies sie zurecht oder versuchte, ihnen Einhalt zu gebieten. Offensichtlich sollte vor den Fernsehkameras der Welt diese Weihnachtsbotschaft mit Zustimmung der Bischöfe von der Menschheit gesehen und gehört werden.

Der griechische Erzbischof Hilaron Capucci trug ähnliche Farben stolz zur Schau. Nach einem Ausflug in den Libanon – der ihm von den israelischen Behörden genehmigt worden war, damit er als christlicher Hirte seine Herde in diesem Land betreuen konnte – wurde er dabei ertappt, wie er in seinem Mercedes Munition und Sprengstoff transportierte. Er hatte die Gelegenheit dazu genutzt, sich mit PLO-Terroristen im Libanon in Verbindung zu setzen, um dann in seinem »kirchlich registrierten« Fahrzeug Sprengstoff nach Israel zu bringen. Capucci wurde zu fünfzehn Jahren Gefängnis verurteilt, aber aufgrund massiven Drucks von seiten des Vatikans freigelassen, nachdem er gerade ein Drittel seiner Strafe abgesessen hatte.

Nach seiner Freilassung ging Capucci nach Rom, wo er eine Messe hielt, in der er sich brüstete, nur dem Beispiel Jesu – des ersten Fedajin oder Freiheitskämpfers – gefolgt zu sein. Trotz dieser unerhörten Fehlinterpretation Christi enthob die Katholische Kirche Capucci keineswegs seines Amtes.

Der anglikanische Geistliche ILYA CHURY brachte persönlich zwei Terroristinnen zum Britischen Konsulat und zu einem Supermarkt in Jerusalem, damit sie dort Bomben legen konnten. Dabei wurden unschuldige Menschen getötet und verwundet. CHURY floh unmittelbar darauf nach Jordanien, wo er zum Bischof der Episkopalen Kirche in Amman ernannt wurde. Er wurde ein Freund JASSIR ARAFATS und Mitglied der PLO-Exekutive, obwohl er ein Bischof der Kirche ist.

(Für weitere Informationen zu diesem traurigen Kapitel der Kirchengeschichte vergleiche das Büchlein des römisch-katholischen Priesters und Abtes LEO A. RUDLOFF, OSB, mit dem Titel »Archbishop Capucci and Terrorism« [»Erzbischof Capucci und der Terrorismus«].[86])

Der Weltkirchenrat ist durch seinen Nahost-Kirchenrat und den nationalen Kirchenrat in den Vereinigten Staaten zumindest ideologisch fest im Lager der Palästinensischen Befreiungsbewegung beheimatet. Seine Sorge gilt beinahe ausschließlich den Feinden Israels, kaum einmal steht er auf seiten Israels. Durch seine häufig fehlgeleiteten und einseitigen Äußerungen übt der Weltkirchenrat einen negativen Einfluß aus.

Vielleicht sollte uns diese gegenwärtige Stellungnahme der traditionellen Kirche für zeitweise gewaltsame und mordende Leute nicht zu sehr erstaunen. Ist es nicht eine konsequente Fortsetzung der langen Geschichte der Kirche? Man bedenke nur

* die Beteiligung der institutionalisierten Kirche in den Kreuzzügen mit ihren Massakern an unzähligen Juden und Moslems.
* ihre Verantwortung an grauenhaften Massakern, Folterungen und Vertreibungen von unschuldigen Männern,

Frauen und Kindern während der schrecklichen Tage der Inquisition.
* daß sie Nazi-Mördern Unterschlupf, ja oftmals aktive Hilfeleistung bot und der Geistlichkeit, die ihrer Sympathie für die Nazis offen Ausdruck verlieh, freien Lauf in ihrem grausamen Tun ließ.

Es gibt zu vieles, das in diesem Zusammenhang aufzuzählen wäre. Aber jeder präzise arbeitende Kirchenhistoriker muß zugeben, daß wir dazu verurteilt sind, diese Greuel zu wiederholen, wenn wir nicht aus der Vergangenheit lernen. Das wird dazu führen, daß die Kirche auf der Seite des Tieres endet, statt auf seiten des Herrn der Kirche.

Wie Bernard Lewis schreibt:

> Von der Zeit an, zu der der römische Kaiser Konstantin sich zu dem neuen Glauben bekannte und Christen die Kontrolle über das Staatswesen in die Hand bekamen, hat es nur wenige Perioden gegeben, in denen nicht irgendwo in der christlichen Welt einige Juden verfolgt worden sind. Die Feindseligkeit gegenüber Juden war manchmal verhalten, manchmal gewalttätig, manchmal epidemisch, immer endemisch.[87]

Ist die historische Kirche nicht dadurch, daß sie sich mit einigen dieser äußerst unchristlichen und mörderischen Organisationen und Individuen identifizierte, im Laufe der Geschichte direkt oder indirekt für Massaker an Juden verantwortlich geworden? Außer den Juden sind noch viele andere umgekommen.

Dreimal hat der Papst dem Terroristen Jassir Arafat eine Audienz gewährt und ihn öffentlich willkommen geheißen, ohne sich der Tatsache zu stellen, daß die Palästinensische Befreiungsorganisation für zahllose Greueltaten an maronitischen katholischen Christen im Libanon (und anderswo) verantwortlich ist. Die Schreie über das Leid, das Christen durch die Hände dieser Mörder erfahren haben, sind zum Himmel aufgestiegen. Die Kirche hat sich auf die Seite des PLO-Chefs und seines Freundes Erzbischof CAPUCCI geschlagen!

Es ist unglaublich, aber als Papst PAUL VI. einen Brief erhielt, in dem CAPUCCI seine Leiden im Gefängnis beschrieb (Leiden, die er aufgrund seiner Untaten selbst verschuldet hatte!), die er »für den Frieden und die Versöhnung der Völker im Nahen Osten« erduldete, antwortete das Kirchenoberhaupt mit einem warmen persönlichen Brief, in dem er dem Bischof seinen »ganz besonderen apostolischen Segen« zusprach.[88]

Die Leiden, die zumeist katholische Christen durch die Hand der PLO im Libanon zur selben Zeit erfuhren, als die oben zitierten Worte an den terroristenfreundlichen Erzbischof geschrieben wurden, bestätigen nur das prophetische Bild von der Hure, das der Apostel JOHANNES in seiner Offenbarung beschreibt:

> »... Und ich sah eine Frau auf einem scharlachroten Tier sitzen, das war voll lästerlicher Namen und hatte sieben Häupter und zehn Hörner ... und auf ihrer Stirn war geschrieben ein Name, ein Geheimnis: DIE GROSSE BABYLON, DIE MUTTER DER HUREREI UND ALLER GREUEL AUF ERDEN. Und ich sah die Frau, betrunken von dem Blut der Heiligen und von dem Blut der Zeugen Jesu. Und ich wunderte mich sehr, als ich sie sah« (OFFENBARUNG 17,3.5-6).

Wir wollen auf einige der erschütternden Schreie von Christen hören, die Tod, Angst und Folter durch die Hand der PLO erlitten haben. NEIL C. LIVINGSTONE und DAVID

Halevy schreiben in ihrem gut dokumentierten Buch über die PLO folgendes:

> ... meistens operieren Arafat und seine Offiziere als multinationales Verbrechersyndikat, das mit Erpressung, Bestechung, Diebstahl, Drogenhandel und Mord arbeitet, um seine finanziellen Bedürfnisse zu stillen.[89]

Die harten Erfahrungen vieler libanesischer Christen bestätigen dieses Bild. Jillian Becker berichtet:

> Susan S., ein junges christliches Mädchen, die bald nach dem »Bürgerkrieg« von ihren Studien in den USA nach Beirut zurückgekehrt war, ist eine der am grausamsten verstümmelten Überlebenden der PLO-Gewalt. So entsetzlich ihre Verletzungen auch sind, ihr Schicksal ist keineswegs einzigartig. Sie war bei ihren Eltern zu Hause, als einige PLO-Offiziere einbrachen. Es bleibt ein Geheimnis, warum sie ausgerechnet dieses Haus, diese Familie in jener Nacht auswählten. Vielleicht war es eine zufällige Auswahl, ein Racheakt gegen alle Christen. Die PLO-Männer ermordeten Susans Vater und ihren Bruder und vergewaltigten ihre Mutter, die einen Blutsturz erlitt und starb. »Viele Male« vergewaltigten sie dann Susan, bevor sie ihre Brüste abschnitten und auf sie schossen. Stunden später wurde sie lebend gefunden. Aber alle vier Gliedmaßen waren so schlimm gebrochen und von Geschossen zerrissen, daß sie amputiert werden mußten. Heute besitzt sie nur noch einen Oberarm. Nonnen versorgen sie in einem Krankenhaus hoch in den Bergen nördlich von Beirut. Sie hat die Schwestern gebeten, sie doch sterben zu lassen. Aber immer wieder wurde ihr die Antwort gegeben, daß man das nicht zulassen könne. Nach der Vertreibung der PLO aus Beirut im Jahre 1982 hatten einige Frauen die Idee, Susan auf einer libanesischen Briefmarke abzubilden, weil sie sagten, daß ihr Schicksal das Schicksal des ganzen Landes symbolisiert – Vergewaltigung und Verstümmelung durch die PLO.[90]

Eliyahu Tal schreibt in »PLO: Now The Story Can Be Told« (»PLO: Jetzt kann die Geschichte erzählt werden«):

> Neun amerikanische Führer von religiösen, ethnischen und Erziehungseinrichtungen (Bischof Joseph Sullivan von der römisch-katholischen Diözese Brooklyn und Rev. Carl Flemister, der Vertreter von 187 Baptistengemeinden waren unter ihnen) besuchten das christlich-libanesische Dorf Aishiye, nachdem die PLO vertrieben worden war.
> Malcolm Hoenlein, der Organisator der Gruppe, sagte der Jerusalem Post am 30. August 1982: »Am meisten bewegte die Gruppe während ihres zweitägigen Besuches im Libanon, was sie in dem Dorf Aishiye sahen. Die christlichen Geistlichen waren beim Anblick einer zerschossenen Statue Jesu entsetzt. Die Gräber der unglücklichen Libanesen waren vollkommen verwüstet, und es lagen eindeutige Beweise vor, daß die PLO noch kurz zuvor mit den ausgegrabenen Schädeln Fußball gespielt hatte.«
> John Nasser, 49, der Priester von Aishiye ... zitterte, als er das schreckliche Massaker beschrieb, das die PLO unter seiner Herde angerichtet hatte. Er verglich es mit der Greueltat, die die Nazis im Zweiten Weltkrieg in dem französischen Dorf Oradour-sur Glane begangen hatten.
> »Beinahe 1000 PLO-Terroristen griffen unser Dorf am 19. Oktober 1976 an.«
> »Sie trieben alle Menschen – 100 Familien – zusammen und sperrten sie in die Kirche. Mehr als 60 mußten draußen bleiben. Wir hörten immer wieder Maschinengewehrfeuer. Dann war es totenstill.«
> »Zwei Tage lang waren wir eingesperrt. Dann öffneten sich die Kirchentüren und wir sahen ein schreckliches Bild: 65 Leichen von Männern, Frauen und Kindern lagen in einem See von Blut. Darunter mein Bruder Ibrahim und mein Cousin Antony ... Der Libanon ist voll solcher haarsträubenden Oradour-Geschichten, die erzählt werden müssen. Die Welt muß wissen, was diese blutrünstige, skrupellose Organisation, die man PLO nennt, meinem armen, geliebten Land angetan hat.«[91]

Zwischen dem 9. und 23. Januar wurde die christlich-libanesische Stadt Damour von Zehntausenden Palästinensern, Syrern – Streitkräften der Sa'iqa – und anderen umzingelt. Den ersten Einfall erlebte die Stadt eines Nachts nach Mitternacht, als Sa'iqa-Männer in die Häuser stürmten und ungefähr 50 Menschen ermordeten. Vater MANSOUR LABAKY, der eines dieser Häuser am nächsten Morgen betreten konnte, berichtet:

> ... Ich erinnere mich an etwas, das mir noch immer Angst einjagt. Eine ganze Familie war getötet worden, die Familie Can'an, alle vier Kinder waren tot, wie auch die Mutter, der Vater und der Großvater. Die Mutter hielt noch eines ihrer Kinder in den Armen. Sie war schwanger. Die Augen der Kinder waren ausgestochen und die Gliedmaßen abgeschnitten. Sie hatten keine Beine und keine Arme mehr. Es war furchtbar.[92]

Beim letzten Angriff am 23. Januar wurden Hunderte von Christen getötet. MANSOUR LABAKY fährt fort:

> Der Angriff erfolgte vom Berg hinter uns. Es war apokalyptisch. Tausende und Abertausende kamen und schrien: »Allahu Akbar! Gott ist groß! Wir wollen sie für die Araber angreifen und Mohammed einen Holocaust darbringen.« Und dann schlachteten sie einen jeden, der ihnen in den Weg kam – Männer, Frauen und Kinder.[93]
> Die christliche Schule im Norden von Nabatiye wurde von sieben Nonnen geführt, bevor die PLO kam. Schwester A. berichtet, was passierte, als die PLO kam:
> »Zuerst entführten sie Schwester C. und vergewaltigten sie. Dann schlugen sie die übrigen von uns. Wir versteckten uns 18 Monate lang im Keller des Klosters. Nachts wurde uns von einheimischen Christen Essen gebracht. Mehrere Jahre lang ertönten die Glocken dieses Klosters nicht.«[94]
> SUSIE ASSALAN, 51, eine Witwe aus Beirut, deren 23-jährige Tochter sich den christlichen libanesischen Streitkräften an-

geschlossen hatte, um gegen die PLO zu kämpfen, erzählte der *Jerusalem Post* am 20. August 1982 folgendes:
»Meine beste Freundin, eine Ärztin, wurde vor drei Jahren während einer nächtlichen Fahrt zum Krankenhaus aus ihrem Wagen gezerrt. Sie wurde brutal zusammengeschlagen und vergewaltigt und konnte seitdem nicht mehr arbeiten.«
Die PLO haben Terror um des Terrors willen ausgeübt. Durch ihre Vorgehensweise konnten keinerlei militärische Ziele erreicht werden. Es kam so weit, daß eine Fahrt zum Supermarkt geplant werden mußte wie ein Einsatz in Feindesland.[95]

Wen wundert es bei diesen angestauten Haß- und Rachegefühlen, daß sich die libanesischen Christen gegen die Männer, Frauen und Kinder der unglücklichen palästinensischen Bevölkerung von Shatilla und Sabra wandten, als die israelischen Verteidigungsstreitkräfte nahe genug waren, um ihnen den »Mut« dazu zu geben? Anstatt jedoch den Anstiftern – den christlichen Phalangisten – die Schuld an dieser Greueltat zu geben, klagte die ganze Welt die Israelis an!

Dr. Ghassan Hamoud, ein sunnitischer Moslem und Besitzer des größten und am besten ausgerüsteten Krankenhauses in Sidon, hatte folgendes zu berichten:

Ich fing nicht an, die PLO zu hassen, als sie verlangten, daß man ihre Verwundeten umsonst behandele, und auch nicht, weil sie sich so benahmen, als gehöre mein Krankenhaus ihnen. Aber als sie in den OP stürmten und uns zwangen, die Operation zu unterbrechen, um ihre Verwundeten zu behandeln – und als sie einen unserer Ärzte, der sich weigerte, ihnen zu gehorchen, brutal zusammenschlugen –, wurde mir klar, daß das Bestien aus dem Dschungel sind.
Sie nennen es eine Revolution. Wenn es denn wirklich eine ist, dann ist es die schmutzigste und bösartigste, die wohlhabendste und brutalste in der Geschichte. Jeder niedere

> PLO-Offizier raste mit einem brandneuen Mercedes, der vor Maschinengewehren starrte, durch unsere Straßen. Auch ihr Verhalten im Krankenhaus war unerträglich. Jedesmal, wenn ein PLO-Patient eine Schwester brauchte, feuerte er einfach mit der Pistole an die Decke.[96]

Nach seiner Entlassung 1979 reiste Erzbischof HILARON CAPUCCI nach Teheran, um AYATOLLAH RUHOLLA CHOMEINI zur iranischen Revolution zu gratulieren. Dies stand in völligem Widerspruch zum Versprechen des Vatikans, daß CAPUCCI sich nach seiner Freilassung aus der Nahostpolitik heraushalten werde.

Zu den Beziehungen zwischen Chomeini und der PLO soll JOHN LAFFIN zu Wort kommen:

> Die PLO und das CHOMEINI-Regime im Iran teilen die ideologische Überzeugung, daß Terror eine legitime politische Waffe ist, und haben auch den Haß gegen den Westen gemeinsam. Lange vor dem Sturz des Schah unterstützte die PLO den iranischen Untergrund mit Geld, Waffen und Ausbildung. Eine der ersten politischen Aktionen des AYATOLLAH CHOMEINI nach seiner Machtergreifung war ein offizieller Dank an die PLO für die Unterstützung der iranischen Revolution.[97]

Deshalb scheint es eigenartig, daß der Vatikan Erzbischof CAPUCCI trotz seiner guten Verbindungen zur PLO und dem Regime CHOMEINIS im August 1980 mit der Aufgabe betraute, die Schließung von vierzehn katholischen Schulen im Iran, die aufgrund intensiven moslemischen Drucks geschlossen werden sollten, zu verhindern. Nach erfolgreichem Abschluß dieser Mission wurde er wiederum von Papst JOHANNES PAUL II. empfangen, der ihn am 6. Oktober 1980 um weitere Vermittlertätigkeiten bat.

Direkt oder indirekt von der Kirche abgedeckte Gewalt, sogar gegen christliche Gläubige, ist nicht erst ein Phänomen der jüngeren Zeit. Die institutionalisierte Kirche hat vielmehr eine lange Geschichte der Gewaltanwendung zur Erreichung ihrer Ziele, beziehungsweise der Zulassung von Gewalt durch andere, derer sie sich bedient und die sie deckt. Wir sollten nicht vergessen, daß CAPUCCI niemals seines Priesteramtes enthoben wurde, sondern vielmehr kirchlicher Amtsträger blieb, dem Audienzen gewährt und dessen Dienste von Papst JOHANNES PAUL II. in Anspruch genommen wurden.

In ihrer gründlich recherchierten Enthüllung der Verbindungen des Vatikans mit den Nazis berichten MARK AARONS und JOHN LOFTUS, wie der Heilige Stuhl ANTE PAVELIC, den *Paglavnik* oder Diktator des unabhängigen Kroatien, der für die grauenhaften Massaker an einer halben Million Serben, Juden und Zigeunern verantwortlich war, wissentlich geholfen und ihn gedeckt hat.

> Viele [seiner Opfer] wurden durch mittelalterliche Methoden ins Jenseits befördert; Augen wurden ausgestochen, Gliedmaßen abgetrennt, Gedärme und andere innere Organe den noch Lebenden herausgerissen. Einige wurden wie Tiere geschlachtet, wobei ihnen die Kehle mit einem speziellen Messer von einem Ohr zum anderen durchschnitten wurde ... Viele andere wurden einfach lebendig verbrannt.[98]

Trotz dieser Greueltaten war PAVELIC ein prominenter Führer der Katholiken, der auf das Verständnis und die Unterstützung der Kirche hoffte.

> PAVELIC wußte auch, daß der Heilige Stuhl Kroatien als »Frontlinie der Christenheit« betrachtete. Eine besondere

Beziehung zwischen Kroatien und dem Papst läßt sich bis ins Jahr 700 zurückverfolgen.
Außer diesen starken historischen Verbindungen war sich PAVELIC auch darüber im klaren, daß PIUS XII. und seine höchsten Ratgeber dem militanten Katholizismus extrem nachgiebig gegenüberstanden. Während des Krieges hatte PAVELIC Zehntausende von orthodoxen Serben zwangsweise und unter Androhung der Todesstrafe bekehrt. Tatsächlich fanden schon Greueltaten statt, als PIUS XII. PAGLAVNIK (Pavelic) Ende April 1941 zu einer Privataudienz empfing.[99]

Der Sonderbevollmächtigte WILLIAM GOWEN und seine Kollegen in der römischen Abteilung des Spionageabwehrcorps der US-Armee schrieben in ihrem Abschlußbericht über ANTE PAVELIC:

> PAVELICS Kontakte sind derart hochrangig und seine gegenwärtige Position ist so kompromittierend für den Vatikan, daß jede Auslieferung [Pavelics] einen niederschmetternden Schlag gegen die Römisch-katholische Kirche darstellen würde.[100]
> Darüber hinaus »hatten die Briten detaillierte Indizien gesammelt, die belegen, daß Vater KRUNOSLAV DRAGANOVIC, der Sekretär des Kroatischen Instituts von San Girolamo, der Hauptorganisator der Fluchtwege war, die von bekannten Kriegsverbrechern benutzt wurden, um den Fangnetzen des Westens zu entkommen.«[101]

Es ist eine Tatsache, daß alle Mitarbeiter des Schmuggelnetzwerkes von DRAGANOVICS Fluchtwegen, auf denen Nazis nach Nord- und Südamerika und nach Australien entkamen, kroatische katholische Priester waren.
AARONS und LOFTUS kommen zu dem Schluß:

> Offensichtlich konnte sich der Heilige Stuhl nicht erwehren, aus seinen nachrichtendienstlichen Tätigkeiten Profit zu schlagen.[102]

Berichte des amerikanischen Außenministeriums für Südamerika bestätigen, daß der Ustaschi-Finanzminister und der Unterstaatssekretär des Vichy-Regimes durch vom Vatikan unterstützte Fluchtwege nach Argentinien gekommen sind.

Weitere Gerüchte ähnlicher Art kamen auf. Ein Exemplar einer Überwachungsakte des FBI – das vom *Central de Intelligencia* des argentinischen Innenministeriums weitergegeben wurde – wird von PAUL MANNING folgendermaßen zitiert:

> ... 1948 erhielt MARTIN BORMANN die Hauptmasse der finanziellen Reserve der Deutschen Bank ... Wie andere Flüchtlinge kam er 1948 in Argentinien aus Genua mit einem 2. Klasse-Ticket und gefälschten vatikanischen Dokumenten an.[103]

Für den Fall, daß dies den Eindruck erweckt, daß allein Katholiken während und nach dem Holocaust versagt haben, wollen wir noch sehen, wie andere Christen reagierten und sich verhielten.

In DAVID WYMANS monumentalem Werk »The Abandonment of the Jews: America and the Holocaust 1941-1945« (»Die Preisgabe der Juden: Amerika und der Holocaust 1941-1945«) steht im Vorwort:

> Dieses Buch wurde unter großen Schwierigkeiten recherchiert und geschrieben. Man möchte den Tatsachen nicht glauben, die die Dokumente, auf denen es basiert, enthüllen. Amerika, das Land der Zuflucht, bot wenig Beistand. Amerikanische Christen hatten den Barmherzigen Samariter vergessen. Selbst amerikanische Juden ließen den unauslöschlichen Sinn für die Dringlichkeit, den die Krise forderte, vermissen. Die Nazis waren die Mörder, aber wir waren die nur zu passiven Komplizen.[104]

WYMAN fährt fort:

> Die christlichen Kirchen Amerikas waren fast untätig im Angesicht des Holocaust und auch beinahe vollkommen schweigsam. Keine der großen Denominationen äußerte sich öffentlich zu dieser Angelegenheit. Nur wenige der vielen christlichen Veröffentlichungen riefen zur Hilfe für die Juden auf. Nur wenige gaben die Nachrichten von der Ausrottung weiter, außer unregelmäßig und zufällig ... Der Nationale Kirchenrat verfaßte einen mittelmäßigen Bericht, der allerdings die größte Anstrengung protestantischer Hilfe darstellte. Außer einigen öffentlichen Aufrufen für eine Rettungsaktion, veranstaltete er den einzigen landesweiten Versuch einer christlichen Aktion, den Tag des Mitleides im Mai 1943. Aber auch dieses Ereignis, das die meisten örtlichen Gemeinden ignorierten, fand nur statt, weil es Juden dem Rat aufdrängten und jüdische Organisationen den Großteil der anfallenden Arbeit erledigten.[105]

Bis heute treten weder der Weltkirchenrat noch der Nahost-Kirchenrat noch der Nationale Kirchenrat kaum einmal hörbar für die Sache Israels ein. Das Stillschweigen des ÖRK war unübersehbar, als der ägyptische Präsident GAMAL ABDEL NASSER am Vorabend des Sechstagekrieges schwor, die Juden ins Mittelmeer zu treiben. Darüber hinaus waren die Äußerungen des ÖRK oft einseitig durch eine himmelschreiende Voreingenommenheit für die Araber gezeichnet, die sich in der Verurteilung Israels äußerte.

Diese Tatsachen mögen als Warnung dienen, daß sich so etwas in Zukunft wiederholen könnte, wenn die Kirche nicht aus der Vergangenheit lernt und wirklich Buße tut. Sonst könnte sie tatsächlich wieder, wie es schon JOHANNES auf Patmos gesehen hat, auf der Seite des Tieres stehen!

Als Erzbischof CAPUCCI als Prälat der Katholischen Kirche den vielfachen Mörder CHOMEINI umarmte, ohne auch nur ein Wort der Kritik dazu zu verlieren, wofür dieser Mann stand, fragte man sich, ob das nicht als prophetisches Symbol für die unbußfertige Kirche verstanden werden könnte, die von dem abscheulichen Monster, dem Antichristen, umarmt wird?

In Anbetracht des unglaublichen Kompromißgeistes und der Anfälligkeit für jegliche Täuschung derer, die heute im politischen wie religiösen Sinne die Bezeichnung »christlich« tragen, kann man sich sehr gut vorstellen, wie die Kirche am Ende einer letzten Täuschung und dem Pseudo-Messias anheimfällt.

Selbst Präsident JIMMY CARTER, der sich öffentlich als wiedergeborener Christ bezeichnet hat, nannte CHOMEINI »einen heiligen Mann«. Sein Vertreter bei den Vereinten Nationen, ANDREW YOUNG, sagte von dem AYATOLLAH, er sei »ein Heiliger des 20. Jahrhunderts«.
AMIR TAHERI schreibt in seinem Buch »Holy Terror« (»Heiliger Terror«):

> Schon vor dem Botschaftsdrama wußte Teheran, daß einige Mitglieder des CARTER-Teams von CHOMEINI und seiner Revolution fasziniert waren.[106]

RICHARD NIXONS neuestes Buch, »Seize the Moment« (»Ergreife den Augenblick«) enthält einen Abschnitt über den Islam, der ein großes Maß an Unwissenheit und Täuschung offenbart. NIXON schreibt:

> Nur wenige Amerikaner sind sich des reichen Erbes der islamischen Welt bewußt. Sie haben nur im Gedächtnis, daß es das Schwert Mohammeds und seiner Nachfolger war, das den Islam nach Asien, Afrika und selbst Europa brachte und betrachten die Religionskriege der Region mit Herablassung. Sie übersehen die Tatsache, daß der Islam keine

Lehre des Terrorismus hat, und daß es erst drei Jahrhunderte her ist, seit sich Christen in Europa religiös motivierte Kriege lieferten.[107]

Unkenntnis der Psychologie der Mitglieder des Heiligen Terrors war allerdings nicht alleiniges Vorrecht der Vereinigten Staaten. 1984 sandten die Westdeutschen ihren Außenminister HANS-DIETRICH GENSCHER in die Islamische Republik [Iran], um die Mullahs über die Menschenrechte zu belehren. Als Erwiderung erhielt er nichts als einen diplomatischen Schlag ins Gesicht, während die offiziellen Medien seinen Besuch als Zeichen dafür werteten, daß sich die »satanischen Kräfte« der Macht des Islam beugten.[108]

Auch die Franzosen verhielten sich nicht besser:

Ein anderer Extremist der Partei Allahs, der in Paris mit Pomp und Zeremonien empfangen wurde, war ALI-REZA MOAYERI, einer der »Studentenführer«, die 1979 die US-Botschaft in Teheran besetzten. Im April 1986 wurde MOAYERI von allen hohen französischen Führern empfangen, einschließlich des Premierministers und des Präsidenten.[109]

Im Kontrast zum schwachen Ansatz und getäuschten Verständnis des Westens erscheint die Hingabe von Millionen von moslemischen Fundamentalisten furchterregend. Sie glauben nicht nur an die Gerechtigkeit ihrer Sache, sondern behaupten auch noch mit anmaßender Überzeugung, daß dies der Wille Allahs sei.

Hören wir auf die Worte des Muhammad TAQI PARTOVI SABZEVARI in »Ayandeh Nehzat Islami« (»Die Zukunft der islamischen Bewegung«), Qom, 1986:

Ein Volk, das nicht bereit ist, zu töten und zu sterben, um eine gerechte Gesellschaft zu schaffen, kann die Unterstützung Allahs nicht erwarten. Der Allmächtige hat uns verheißen, daß der Tag kommen wird, an dem die gesamte

> Menschheit vereint unter dem Banner des Islam lebt, wenn das Zeichen des Halbmondes, das Symbol Muhammads, überall das höchste sein wird ... Aber die Ankunft dieses Tages muß durch unseren Dschihad beschleunigt werden, durch unsere Bereitschaft, das Leben hinzugeben und das unreine Blut derer zu vergießen, die das Licht nicht sehen, das durch Muhammad vom Himmel gebracht wurde ... Allah ist es, der uns das Gewehr in die Hand legt. Aber wir können nicht von Ihm erwarten, daß er den Abzug drückt, nur weil wir zu feige dazu sind.[110]

CHOMEINIS eigener Wahlspruch, »Im Dienste Allahs zu töten und zu sterben ist die höchste Pflicht eines jeden echten Moslem«, stimmt mit diesen Aussagen vollkommen überein.

Wir haben jetzt gesehen, wie es prinzipiell möglich ist, daß eine getäuschte und dekadente Kirche einem animalischen System oder Diktator verfallen kann. Tatsächlich sieht schon JOHANNES in seiner Vision auf Patmos, daß das Tier die Hure haßt und sie verläßt, entkleidet, ihr Fleisch frißt und sie mit Feuer verbrennt (vgl. OFFENBARUNG 17,16). Ebenso haben auch die Nazis und die extremistischen Moslems, obwohl sie vom Westen, ja selbst von vielen aus der Kirche, hofiert wurden, die Liebe nicht erwidert, sondern blieben unverbesserliche Feinde des Christentums.

Diejenigen, die im Nahen Osten leben, kennen den Sprechgesang von Tausenden von Moslems, den diese während jedem Krieg gegen die Juden wiederholt haben: »Zuerst töten wir die Samstag-Leute und dann die Sonntag-Leute.« Auch sie meinen, was sie sagen! Doch entgegen aller Vernunft werfen sich noch immer viele innerhalb der Kirche in die Hände dieses unveränderlichen Monsters und hoffen vergeblich, es »reiten« zu können – ganz wie

Johannes die Mutter aller Hurerei das scharlachrote Tier reiten sah (Offenbarung 17,3).

So müssen wir nur auf die Kirchengeschichte zurückblicken, um zu erkennen, was morgen durchaus wieder Wirklichkeit werden könnte, wenn wir nicht in tiefer Demut und Buße aus der Vergangenheit lernen.

Die traurigen Seiten der Kirchengeschichte, als in den furchtbaren Tagen der unmenschlichen Inquisition im Namen der Kirche Tausende und Abertausende – manchmal mit direkter päpstlicher Zustimmung – abgeschlachtet, gefoltert, auf dem Scheiterhaufen verbrannt, vertrieben oder zwangsbekehrt wurden, oder auch die jüngere Vergangenheit, als kirchliche Vertreter mit dem Tier des Nationalsozialismus oder des Islam kollaborierten, belegen: Die Geschichte kann sich durchaus wiederholen. Weil die Bibel ein solches Szenario voraussagt, in der eine völlig abgefallene Kirche mit dem zehnköpfigen babylonischen Tier gemeinsame Sache macht, gibt es einen doppelten Grund zur Wachsamkeit.

Im folgenden wollen wir sehen, wie sich eine dergestaltete Sachlage in der Zukunft tatsächlich entwickeln kann.

In seinem Büchlein »Ecumenism: Where Is It Leading Us?« (»Ökumenismus: Wohin führt er uns?«) schreibt Michael de Semlyen:

> Im Juli 1988 traf sich die *Lambeth Conference of Anglican Bishops Worldwide* (Konferenz aller anglikanischen Bischöfe aus der ganzen Welt) in Canterbury und bestätigte die Agreed Statements of the *Anglican Roman Catholic International Commission* (ARCIC = Einmütige Erklärungen der Anglikanisch-Römisch-Katholischen Internationalen Kommission) mit überwältigender Mehrheit. Diese Erklä-

rungen stellen einen Kompromiß in bezug auf die großen Lehrdifferenzen zwischen den Protestanten und den römischen Katholiken dar … Ganz offensichtlich erwartet die Römische Kirche eine Einheit in weitgehender Übereinstimmung mit ihren eigenen Vorstellungen. In seinem neuen Buch »Towards a Civilisation of Love« (»Auf dem Wege zu einer Zivilisation der Liebe«), das im Januar 1989 in der christlichen Presse besprochen wurde, sagt Kardinal HUME:
»Das Dokument des Rates über den Ökumenismus bemüht sich zu erklären: ›Die Katholische Kirche besitzt den Reichtum der ganzen von Gott offenbarten Wahrheit und aller Gnadenmittel. Sie ist nicht in der Lage, anderen einen ähnlichen Status einzuräumen.‹«
Wenn Katholiken für eine Wiederherstellung der vollen Gemeinschaft mit anderen Christen beten, dann beten sie für die Einheit, von der die Kirche glaubt, daß sie dem Willen Christi entspricht, und die in all ihren grundlegenden Kennzeichen in der Katholischen Kirche vorhanden ist.
Das Ziel der ökumenischen Bewegung ist es, alle Kirchen, Denominationen, und letztendlich alle Religionen zusammenzubringen … In römisch-katholischer Terminologie ist ein Ökumenischer Rat eine ausschließlich römisch-katholische Angelegenheit.[111]

Führende Verfechter der Einheit, wie der ehemalige Erzbischof von Canterbury, MICHAEL RAMSEY, beschrieben »das gesamte ökumenische Unternehmen als ein Werk des Heiligen Geistes in uns, das uns in Liebe vereint und in der Wahrheit auferbaut.« Meinungsverschiedenheiten über Glaubensartikel sollten beiseite gelegt werden: »Wir müssen vermeiden, den Geist durch unsere Dummheit und Engstirnigkeit und unseren Mangel an Glauben zu binden.«

Selbst der führende Evangelikale JOHN STOTT sagte vor dem *National Evangelical Anglican Congress* (NEAC) 1977 in Nottingham, daß

… die sichtbare Einheit aller bekennenden Christen unser Ziel sein sollte … und Evangelikale sollten sich anderen in der Kirche von England im Bemühen um eine vollkommene Gemeinschaft mit der Römisch-katholischen Kirche anschließen.[112]

Der Charismatiker DAVID WATSON, ein anglikanischer Geistlicher, sagte von der Reformation, daß sie »eine der größten Tragödien sei, die jemals in der Kirche geschehen seien.«

Dies bestätigt die Aussage von DE SEMLYEN:

Die Kombination von Massenevangelisation und Begeisterung über die charismatische Erneuerung wurde von der ökumenischen Bewegung eingeholt und vor ihren Karren gespannt.[113]

In Anbetracht dieser machtvollen Faktoren und Einflüsse kann eine vereinigte Weltkirche mit Zentrum in Rom in der Zukunft kaum bezweifelt werden. Deshalb ist es äußerst wichtig, zu beobachten, welche Richtung Rom in den kommenden Jahren einschlägt. Welchen Kräften und Einflüssen wird es Aufmerksamkeit zukommen, von wem sich beeinflussen lassen? Wird es unter dem himmlischen Einfluß des Heiligen Geistes und des Wortes Gottes stehen, oder den humanistischen Einflüssen der Welt und der Lehren von New-Age-Religion und -Philosophie verfallen, die bereits in der Kirche überhandnehmen? Diese Frage sollte jeder gläubige Christ – sei er katholisch, evangelisch oder orthodox – ernsthaft stellen.

Während einer der letzten Konferenzen des Weltkirchenrates in Canberra, Australien, die unter dem Thema stand, »Komm, Heiliger Geist – erneure die gesamte Schöpfung,« sagte Papst Johannes Paul II. in einer Botschaft an die Versammelten, daß die ökumenische Aufgabe vordringlich sei, weil das Zeugnis der Kirche desto »weniger überzeugend sei, je mehr die Welt mit unserer Uneinigkeit konfrontiert wird«. Die Versammlung beauftragte die gemeinsame Arbeitsgruppe von Vatikan und ÖRK, sich auf die verbleibenden Hindernisse auf dem Weg zu einer vollkommeneren Beziehung zwischen den beiden Körperschaften zu konzentrieren. Außerdem rief sie zu größerer Aufmerksamkeit für die Kirchen außerhalb des Weltkirchenrates auf.

Die Herausgeber des ausführlich dokumentierten Buches von Malachi Martin »The Keys of This Blood« (»Die Schlüssel dieses Blutes«) schreiben:

> Einzig Malachi Martin konnte als vollkommener Insider des Vatikan und nachrichtendienstlicher Experte die bislang unveröffentlichte Geschichte über die Rolle des Vatikan im gegenwärtigen Wettlauf mit der Zeit enthüllen, bei dem es um alles oder nichts geht und dessen Ziel die Einrichtung, Unterhaltung und Kontrolle der ersten Welteinheitsregierung ist.[114]

In seinem Buch beschreibt Martin die ungeheuer gegensätzlichen Einflüsse, die heute innerhalb der Katholischen Kirche am Werk sind. Einflüsse, die entweder darauf aus sind, die Katholische Kirche von einem großen Teil ihrer christlichen Ethik, ihres Glaubens und ihrer Theologie zu entkleiden oder aber andere, deren Ziel es ist, den traditionellen status quo so weit als möglich zu erhalten.

Alle, die Augen haben und sehen, werden den gewaltigen inneren Kampf bemerken, der sich zur Zeit im Herzen der Katholischen Kirche abspielt: Wird es eine Kirche sein, die für die Weisheit und den Einfluß all dessen, was die

Welt regiert, noch viel offener ist, oder wird sie sich erneuern können zu einer neuen Hingabe an ihre himmlische Berufung – in der Welt zu sein, aber nicht von der Welt –, um so ein Eingang zur Erlösung und Realität des Reiches Gottes zu sein?

Der Ausgang dieser Auseinandersetzung ist von größter Bedeutung, denn wenn die Schlacht nicht von Gottes Seite, seinem Reich und seinem Sohn gewonnen wird, dann wird das Bild, das der Apostel JOHANNES auf Patmos gesehen hat, Wirklichkeit werden: Eine Kirche, die keine Braut mehr ist, sondern eine abgefallene, weltliche Hure.

Um feststellen zu können, wohin die Kirche von Rom unter ihrer heutigen Führung strebt, wäre es deshalb gut, die Person des JOHANNES PAUL II. etwas genauer zu untersuchen. MARTIN tut dies in seinem umfangreichen Werk über den Papst. Dabei kommt er unter anderem zu demselben Schluß wie DE SEMLYEN, der den gewaltigen Einfluß der Person Marias auf diesen Papst und seine Einstellung betont.

Das folgende Zitat von MICHAEL DE SEMLYEN wird von MARTIN ergänzt:

> Das persönliche Motto JOHANNES PAULS II. ist »totus tuus« (»ganz dein«). Aber es ist auf Maria, nicht auf Jesus, ausgerichtet. So verkündigte er auch bei seiner Inthronisation: »... alles, was ich habe ist dein, meine Königin und meine Mutter.« Nach dem Mordversuch 1981 berichtete *TIME*-Magazine, daß er auf dem Weg ins Krankenhaus sanft auf polnisch murmelte: »Madonna, Madonna« (*TIME*, 25. Mai 1981). Ein Jahr nach dem Anschlag ging er zum marianischen Schrein von Fatima in Portugal, um Maria für die Bewahrung seines Lebens zu danken.
> Im April 1987 eröffnete der Papst das »Jahr Marias« vor einer weltweiten Fernsehaudienz von (vielleicht etwas großzügig) geschätzten 1,5 Milliarden Zuschauern. Zwei

Monate später betete er vor mehreren hunderttausend Menschen in Lodz in Polen zur Jungfrau Maria um religiöse Freiheit in der Welt. Im Mai 1988 weihte Peru in der Kathedrale von Lima für »Unsere Liebe Frau der Evangelisation« und leitete so ein »Jahrzehnt der Evangelisation« ein. Im August 1988 verkündete der Papst in Rom im Rahmen einer Zeremonie zum Ende des marianischen Jahres: »Dies ist die Gelegenheit, einen marianischen Wandel in Richtung auf das Jahr 2000 zu beginnen. Wir müssen gemeinsam mit Maria gehen« (*Famiglia Christiana Magazine*, Piedmont, Italien).
Der Schrein »Unserer Lieben Frau von Walsingham« in Walsingham, Norfolk, England, dem Ursprungsort von 180 ähnlicher Schreine in den Kirchen der Kirche von England, war im September 1988 Austragungsort des BBC-Programms »Songs of Praise«, das von bis zu acht Millionen Zuschauern verfolgt wurde. 1988 fand eine besondere Pilgerfahrt nach Walsingham statt, die von ungefähr sechzig Bischöfen der *Lambeth Conference* organisiert wurde, ebenso wie auch die dritte Pilgerfahrt des Parlaments in Folge. Ermutigt durch das Beispiel des (ehemaligen) Erzbischofs von Canterbury, ROBERT RUNCIE, führen hohe Bischöfe diese Pilgerfahrt Jahr für Jahr an. Erzbischof RUNCIE ist Präsident der *Ecumenical Society of the Blessed Virgin Mary* (Ökumenischen Gesellschaft der Gelobten Jungfrau Maria) und nach den Worten von *TIME*-Magazine, »wahrscheinlich bereit, um der Einheit willen, mehr als irgendeiner seiner Vorgänger zu riskieren.« Überdies ist er »begeisterter Anhänger von Walsingham und sich seiner Rolle als Wegbereiter der Anglikanischen Kirche in einen Katholizismus römischer Art« bewußt (*TIME*, 7. Juni 1982) ... Viele Kritiker des Ökumenismus sagen voraus, daß »die kirchliche Einheit unter der Oberherrschaft Roms rapide zu einem neuen Ausbruch von Fanatismus und Verfolgungen führen wird.«[115]

Damit wir Papst JOHANNES PAUL II. nicht zu schnell aufgrund seiner Voreingenommenheit für Maria, anstatt für den Herrn der Kirche, verurteilen, wollen wir den gewaltigen Druck erwähnen, dem er sich bei seinem Versuch gegenübersieht, seine Kirche in einer gegenwärtig so halsstarrigen Welt zu leiten.

> »Der Anspruch, eine Welt ohne Gott bauen zu wollen«, erklärte der Papst schonungslos während seines Besuches in der Tschechoslowakei im April 1990, »hat sich als eine Illusion erwiesen ... Eine derartige Hoffnung hat sich bereits als tragische Utopie offenbart ... denn der Mensch ist nicht in der Lage, glücklich zu sein, wenn die transzendente Beziehung mit Gott ausgeschlossen ist.«[116]

Hier stellt sich Papst JOHANNES PAUL II. den anderen Bewegungen, die eine Neue Weltordnung ohne Gott aufrichten wollen, entgegen.
MARTIN berichtet, wie die beiden polnischen Kardinäle, STEFAN WYSZYNSKI von Warschau und KAROL WOJTYLA von Krakau beinahe 30 Jahre lang Seite an Seite in Polen gearbeitet haben:

> Während all dieser Jahre dachten und arbeiteten die beiden Kirchenmänner – der Kardinal und der künftige Papst – bereits im Sinne dessen, was WYSZYNSKI die »drei Internationalen« nannte. Das war der klassische Ausdruck, den er benutzte, wenn er von den geopolitischen Konkurrenten im Blick auf eine wirkliche Weltmacht sprach.
> Auf dieser Erde, so sagte WYSZYNSKI, existieren nur drei Internationalen.
>
> 1. Die »Goldene Internationale« war seine Kurzformel für die Finanzmacht der Welt – die transnationalistischen und internationalistischen, weltweit ausgerichteten Führer im Westen.
> 2. Die »Rote Internationale« war natürlich der marxistisch-leninistische Parteistaat der Sowjetunion, mit dem er

selbst, Wojtyla und ihre Mitkämpfer so eine lange, schmerzhafte und persönliche Erfahrung gemacht hatten.

3. Der dritte geopolitische Konkurrent – die Römisch-katholische Kirche; die »Schwarze Internationale« – war nach Wyszynskis Ansicht dazu bestimmt, in jeder Auseinandersetzung mit den beiden anderen Rivalen den letzten Sieg davonzutragen.[117]

MARTIN schreibt:

> Auf den ersten Blick scheinen die Meister des westlichen Kapitalismus – die Transnationalisten und Internationalisten Amerikas und Europas – bei weitem die effektivsten und mächtigsten Architekten der Neuen Weltordnung zu sein, aus dem einfachen Grund, daß ihre Machtbasis auf den unverzichtbaren Säulen des Geldes und der Technologie ruht.[118]

Das Problem, dem sich Papst JOHANNES PAUL II. deshalb gegenübersieht, ist, wie die Kirche, die er leitet, der Führung der Welt ein glaubhaftes Angebot machen kann, das nicht nur für eine zunehmend säkularisierte, agnostische Welt, sondern auch für eine so oft bloßgestellte Kirche annehmbar ist.

Wie sagte schon der deutsche Philosoph MARTIN HEIDEGGER: »Ich weiß, daß nur Gott uns retten kann.«

Aber das Dilemma des Papstes ist es, dies in eine anerkennbare und annehmbare Lösung umzusetzen. Wie kann er Fortschritte machen, ohne Gefahr zu laufen, daß sich seine Kirche so sehr ausweitet, bis sie sich den außerordentlich unmoralischen und rebellischen Kräften beugt, die die heutige Kirche bereits massiv infiltrieren?

MARTIN schreibt:

Da sind besonders die Tausende von New-Age-Anhängern in unserer Mitte. Und da sind auch die sogenannten Mega-Religionisten – diejenigen, die davon überzeugt sind und daran arbeiten, uns allen einzureden, daß sich alle Religionen der Welt zu einer weltumfassenden Mega-Religion der Menschheit verschmelzen sollten.[119]

In den zwanziger Jahren tauchten immer mehr dieser mega-religionistischen Gruppen auf:

* *League of Neighbours* (LN), 1920, USA
* *International Fellowship* (IF), 1922, Indien
* *International Brotherhood* (IB), 1923, Paris
* *World Fellowship of Faith* (WFF), 1924, USA
* *World Alliance* (WA), 1924, Oxford, England
* *Peace and Brotherhood* (PB), 1926, Louvain, Belgien
* *The Threefold Movement* (TTM), 1926, New York
* *World Peace* (WP)
* *World Conference for International Peace Through Religion* (WCIPR)
* *Order of Great Companions* (OGC)

Die letzten drei wurden 1928 gegründet.

Zwischen Mitte der dreißiger und Anfang der siebziger Jahre tauchten noch viele weitere derartige Organisationen auf. Einige davon waren:

* *World Congress of Faith* (WCF), 1936, London
* *The Self-Realization Fellowship* (TSRF), 1937, Indiana
* *World Spiritual Council* (WSC), 1946, USA
* *International Committee for Unity and Universality of Cultures* (ICUUC), 1955, Rome
* *World Fellowship of Religions* (WFR), 1957, New Delhi
* *Temple of Understanding* (TU), 1959, USA
* *Organization of United Religions* (OUR), 1967, Paris
* *Spiritual Unity of Nations* (SUN), 1970, England
* *World Conference of Religion for Peace* (WCRP), 1970, Kyoto, Japan.

MARTIN fährt fort:

> JOHANNES PAUL ist beunruhigt darüber, in welchem Maße hochrangige Kleriker – Kardinäle und Bischöfe – in der gesamten kirchlichen Organisation Beispiele mega-religionistischer Kooperation für die Priester und Laien gleichermaßen geben, indem sie sich Feiern anschließen, die vorsätzlich weder römisch-katholisch noch christlich sind.[120]

Sein Unbehagen besteht nicht ohne Grund, wenn man tatsächlich beobachten kann, was der marxistische Millionär, Verleger und Megareligionist VICTOR GOLLANCZ 1948 schrieb:

> Das letzte Ziel sollte sein, daß Judentum, Christentum und alle anderen Religionen verschwinden und einer einzigen großen ethischen Weltreligion, der Bruderschaft des Menschen, Platz machen.[121]

Man fragt sich, was – wenn überhaupt – übrigbleiben wird von der Reinheit der Braut Christi – seines Leibes –, wenn diese enormen Kräfte und Beeinflussungen, sowohl von innerhalb als auch von außerhalb der Kirche, am Werk sind. Hinzu kommt noch die zunehmende moralische Laxheit und Toleranz, die in vielen der Kirchen geflissentlich übersehen wird, die sich momentan um eine Einheit in einer Welteinheitskirche – möglicherweise unter der Führung Roms – bemühen.

In dieser Kirche mag es durchaus fromme Pfarrer und Nonnen, geisterfüllte und bibeltreue Christen geben. Aber wird sie auch diejenigen aufnehmen, die weder von ihren fleischlichen Wegen umgekehrt noch zu einem wahren und lebendigen Glauben durchgedrungen sind?

Die Schlacht, die Papst JOHANNES PAUL kämpft, ist überwältigend, um nicht zu sagen unmöglich zu gewinnen.

Wie er auch im April 1990 zu seinen tschechoslowakischen Gastgebern sagte:

> Der allmächtige Gott kann das Unmögliche möglich machen, er kann alle menschlichen Herzen verändern durch die Herrschaft der Mutter Jesu, Maria.[122]

Ja, die Vision des Apostels JOHANNES auf Patmos wird wahr werden:

> »... Komm, ich will dir zeigen das Gericht über die große Hure, die an vielen Wassern sitzt, mit der die Könige auf Erden Hurerei getrieben haben; und die auf Erden wohnen, sind betrunken geworden von dem Wein ihrer Hurerei. Und er brachte mich im Geist in die Wüste. Und ich sah eine Frau auf einem scharlachroten Tier sitzen, das war voll lästerlicher Namen und hatte sieben Häupter und zehn Hörner. Und die Frau war bekleidet mit Purpur und Scharlach und geschmückt mit Gold und Edelsteinen und Perlen und hatte einen goldenen Becher in der Hand, voll von Greuel und Unreinheit ihrer Hurerei, und auf ihrer Stirn war geschrieben ein Name, ein Geheimnis: DAS GROSSE BABYLON, DIE MUTTER ALLER HUREREI UND ALLER GREUEL AUF ERDEN. Und ich sah die Frau, betrunken von dem Blut der Heiligen und von dem Blut der Zeugen Jesu. Und ich wunderte mich sehr, als ich sie sah« (OFFENBARUNG 17,1-6).

Wie auch MICHAEL DE SEMLYN schreibt:

> Das abgefallene Christentum ist eine vereinigende Weltreligion, die unter der Oberfläche so blutrünstig wie schon immer ist. Wenn sich die Religionen dieser Welt mit dem New-Age vereinigen, um ein großes ökumenisches Multi-Glaubens-Monopol zu schaffen, wird Gottes »kleine Herde« wieder wie Lämmer sein, die zur Schlachtbank geführt werden.[123]

Hier wurde aus verschiedenen Quellen und durch zahlreiche Bezüge zu zeigen versucht, wie verbreitet über ein weites Spektrum hin das Streben auf die kommende Weltregierung ist. Es wurde gezeigt, daß der Geist dieser Welt die Kirche bereits in einem solchen Ausmaß durchdrungen hat – durch Akteure sowohl im Vatikan als auch im Weltkirchenrat –, daß in einigen Fällen kaum mehr ein bedeutender Unterschied zwischen dem sogenannten Geist der Einheit dieser Welt und dem Geist der Einheit, der in der institutionalisierten Kirche seinen Ausdruck findet, festgestellt werden kann. Ich bin mir sicher, daß es innerhalb dieser Kirchen noch immer viele treue Männer und Frauen gibt. Menschen, die nicht mehr wollen, als daß diese Welt ein besserer, freundlicherer und mehr christusähnlicher Ort wird. Die Kardinalfrage, im Licht all des Vorausgegangenen, ist allerdings, ob die Welt auf diese Art und Weise wirklich besser, freundlicher und christusähnlicher wird. Oder werden wir vielmehr Zeugen dessen, was die Bibel voraussagt, nämlich, daß sich alle Bestrebungen nach politischer und religiöser Einheit in der Stadt auf den sieben Hügeln zusammenfinden – in einer unheilvollen Union mit der zehnköpfigen Weltregierung, mit schrecklichen Konsequenzen?

Es ist offensichtlich, daß dies alles sehr schnell geschehen könnte. Andererseits ist auch klar, daß sich die Mehrheit der Menschen trotzdem weigern wird, zu glauben, auf welch schreckliches Ende alles hinauslaufen wird – bis es zu spät ist. Aber es gibt einen anderen Weg – einen Weg, der vollkommen andersartig ist, und der zu einer Stadt mit einem vollkommen anderen Wesen führt, einer Stadt mit Namen Jerusalem.

TEIL 2

Jerusalem

1. Jerusalem, Gottes Brennpunkt für eine neue Welt

> »Vergesse ich dich, Jerusalem, so verdorre meine Rechte. Meine Zunge soll an meinem Gaumen kleben, wenn ich deiner nicht gedenke, wenn ich nicht lasse Jerusalem meine höchste Freude sein« (Psalm 137, 5-6).
> »Um Zions willen will ich nicht schweigen, und um Jerusalems willen will ich nicht innehalten, bis seine Gerechtigkeit aufgehe wie ein Glanz und sein Heil brenne wie eine Fakkel« (Jesaja 62, 1).

Genau wie Babylon der Brennpunkt für eine Neue Weltordnung oder Weltregierung mit all ihren negativen und furchtbaren Konsequenzen ist, so ist auch Jerusalem immer schon der biblische Brennpunkt für eine bessere zukünftige Welt gewesen – in der die Völker »ihre Schwerter zu Pflugscharen und ihre Spieße zu Sicheln machen« (Micha 4, 3). Wie Babylon der Brennpunkt ist, auf den sich der Mensch konzentriert, um eine neue Welt zu schaffen, so ist Jerusalem Gottes Brennpunkt auf dem Weg zu einer neuen und vollkommenen Welt, in der, wie der Prophet es sah, »ein jeder ... unter seinem Weinstock und Feigenbaum wohnen [wird], und niemand wird sie schrecken« (Micha 4, 4). Dort »werden die Wölfe bei den Lämmern wohnen ... und Löwen werden Stroh fressen wie die Rinder.« Sie werden sich weder gegenseitig verletzen, noch vernichten, »denn das Land wird voll Erkenntnis des Herrn sein, wie Wasser das Meer bedeckt« (Jesaja 11, 6.7.9).

Die Bibel schaut auf Jerusalem als der Stadt und dem Brennpunkt für die Erlösung der Welt durch das Eingreifen des Herrn selbst. Denn, wie schon HEIDEGGER erkannte, ohne Ihn ist es dem Menschen unmöglich, den Weg zurück in das verlorene Paradies, ein Paradies des Friedens und der Gerechtigkeit, zu finden.

Auf der »Jesaja-Wand« vor dem UNO-Gebäude in New York steht geschrieben: »Da werden sie ihre Schwerter zu Pflugscharen und ihre Spieße zu Sicheln machen. Denn es wird kein Volk wider das andere das Schwert erheben, und sie werden hinfort nicht mehr lernen, Krieg zu führen« (JESAJA 2,4). Nur – der Ort ist der falsche. Die Bibel lenkt unsere Aufmerksamkeit nicht auf die vergeblichen Beratungen von Menschen im New Yorker UNO-Hauptquartier als Hoffnungsschimmer für die Erfüllung der prophetischen Vision. JESAJA hat nicht gesehen, daß die Nationen nach New York kommen, um sich dort zu beraten und so Frieden und Gerechtigkeit in der Welt vorzubereiten. Vielmehr steht dort: »Dies ist's, was JESAJA, der Sohn des Amoz, geschaut hat über Juda und Jerusalem« (JESAJA 2,1).

Nicht New York ist die Stadt, in der JESAJA seine Vision von einer neuen Welt und neuen Beziehungen zwischen den Nationen Wirklichkeit werden sieht. Trotzdem unternehmen Menschen, unter bewußter Nichtbeachtung des Planes Gottes, den Versuch, dort diese Vision zu erfüllen – vergeblich.

Nein, die erwählte Stadt war und ist Jerusalem.

Deshalb ermahnt uns die Bibel, für den Frieden Jerusalems zu beten, denn allein im Bekenntnis unserer bedingungslosen Abhängigkeit unserer Erlösung vom Herrn werden wir selbst und diese Welt erlöst werden.

In diesem Zusammenhang ist es bemerkenswert und bezeichnend, daß der am wenigsten benutzte Raum im Gebäude der Vereinten Nationen das Gebets- und Meditationszimmer ist. In New York liegt das Schwergewicht auf den Anstrengungen des Menschen.

So hat die Menschheit zwei Möglichkeiten: Babylon oder Jerusalem. Die eine symbolisiert das Vertrauen des Menschen in seine eigenen Fähigkeiten – daß wir eine bessere Welt aufbauen können, solange wir uns nur vereinigen: das ist Babel. Die andere symbolisiert die Abhängigkeit und das Vertrauen des Menschen in Gott: Jerusalem.

Nach dem Ersten Weltkrieg sagte man: »Wir müssen uns vereinen« – und so wurde der Völkerbund geboren. Nach dem Zweiten Weltkrieg sagte man: »Wir müssen unsere Einheit verstärken« – und so wurden die Vereinten Nationen ins Leben gerufen. Es ist durchaus möglich, daß der Schock eines weiteren globalen Konflikts die Menschen darauf vorbereiten wird, die gegenwärtigen Vereinten Nationen zu einer zehnköpfigen Weltregierung zu erheben – als letzte Antwort des Menschen auf die unüberwindbaren Probleme: »Laßt uns eins sein.« Dies wird, wie wir bereits sahen, zu einem totalen Desaster führen. In ihrer bewußten Ablehnung und Rebellion gegen Gott, werden die Menschen dies jedoch zu spät entdecken. »Wir brauchen weder ihn noch seine Gebote. Wir schaffen es auch ohne ihn!«

Diejenigen allerdings, die Augen haben zu sehen, erkennen, daß ein Gott in dieser scheinbar hoffnungslosen Welt am Werk ist. Ein Gott, der daran arbeitet, diese Erde wieder zu einem Paradies des Guten und der Gnade zu machen – ganz genau, wie Menschen schon seit Jahrhunderten in der ganzen Welt gebetet haben. Diese Menschen kommen aus allen ethnischen Gruppen und Nationen. Sie schämen sich nicht zu bekennen, daß sie für ihr persönliches Leben erkannt haben, daß es keinen anderen Ausweg aus allen Schwierigkeiten gibt, als den Namen des Herrn anzurufen. Deshalb sind sie auch bereit, mit Millionen anderen zu beten: »Dein Reich komme, dein Wille geschehe wie im Himmel so auf Erden.«

Eines Tages werden diese Leute eine vollkommen wiederhergestellte Erde sehen – eine neue Erde und einen neuen Himmel, in denen Gerechtigkeit wohnt.

Aber diese neue Welt wird nur eine Hauptstadt haben, und zwar die momentan am meisten geschmähte Hauptstadt – die Stadt Jerusalem, die Hauptstadt des wiedererstandenen jüdischen Staates Israel.

Gott hat immer gesagt, daß er es tun würde. Nach einer langen Zeit der Zerstreuung wird er sein Volk wieder von den vier Enden der Erde sammeln, wohin er sie zerstreut hatte. Er wird sie wieder zurückbringen in sein eigenes – ihr eigenes – verheißenes Land.

Gott singt und frohlockt durch die gesamte Bibel hindurch, daß er, der Israel zerstreut hat, es auch ganz gewiß wieder sammeln wird, wie ein Hirte seine Herde! So sehr freut er sich darüber, daß er durch den Propheten sagt, daß diese Geschichte der Wiedereinsammlung seines Volkes unter den Nationen veröffentlicht und verkündet werden muß, bis hin zu den fernen Inseln (vgl. JEREMIA 31,10).

JESAJA prophezeite:

> »Wie lieblich sind auf den Bergen die Füße der Freudenboten, die da Frieden verkündigen, Gutes predigen, Heil verkündigen, die da sagen zu Zion: Dein Gott ist König! Deine Wächter rufen mit lauter Stimme und rühmen miteinander; denn alle Augen werden es sehen, wenn der Herr nach Zion zurückkehrt. Seid fröhlich und rühmt miteinan-

der, ihr Trümmer Jerusalems; denn der Herr hat sein Volk getröstet und Jerusalem erlöst. Der Herr hat offenbart seinen heiligen Arm vor den Augen aller Völker, daß aller Welt Enden sehen das Heil unsres Gottes« (JESAJA 52,7-10).

Dies ist ein erstaunlicher Abschnitt, voll von Freude. Warum freut sich Gott so sehr über etwas, das für die meisten Christen bestenfalls von geringem Interesse ist und dazu noch unwichtig angesichts ihrer vorrangigen Sorgen und Glaubensgrundsätze, wie Gott diese Welt vor der letzten Katastrophe erretten wird? Gott freut sich so sehr, weil er sah, was sein Apostel PAULUS später im herrlichen 11. Kapitel des Römerbriefes erklären wird – mit Gültigkeit für die ganze Welt: daß, »wenn ihre Verwerfung die Versöhnung der Welt ist, was wird ihre Annahme anderes sein als Leben aus den Toten!« (RÖMER 11,15).

Ruft Gott vielleicht deshalb die Himmel auf, zu jubeln und diejenigen, die seiner Botschaft glauben dazu, sein Volk mit ihm trösten, weil er wußte, daß zu der Zeit, wenn sein Volk zum dritten Mal in der Geschichte heimkehren wird, sich etwas so Wunderbares ereignen wird?

»Jauchzet, ihr Himmel; freue dich, Erde! Lobet, ihr Berge, mit Jauchzen! Denn der Herr hat sein Volk getröstet und erbarmt sich seiner Elenden« (JESAJA 49,13).

Auch PAULUS läßt sein unübertroffenes 11. Kapitel im Brief an die Römer, dessen Thema die Wiederherstellung Israels ist, in einer Doxologie enden:

»O welch eine Tiefe des Reichtums, beides, der Weisheit und der Erkenntnis Gottes! Wie unbegreiflich sind seine Gerichte und unerforschlich seine Wege!« (RÖMER 11,33).

Aber warum all dieser Jubel von seiten Gottes und derer, die erkannt haben, was es bedeutet, wenn Gott sich seinem Volk Israel wieder in Gnade und Wohlgefallen zuwendet? Es erstaunt nicht, daß Gott den Himmeln anordnet, zu singen, und der Erde sagt, voller Freude zu sein, und daß PAULUS im Lobpreis endet, nachdem er die Wiederherstellung Israels angekündigt hat: Es ist ein Ereignis von solchen Dimensionen und Auswirkungen, daß jeder, der Augen hat, um zu sehen, und Ohren, um zu hören, als Antwort auf Gottes Berufung selbst in Jubel ausbrechen wird. Aber nicht nur das:

* Der Herr, der sein Volk tröstet, bittet uns, ebenfalls sein Volk zu trösten.
* Der Herr, der seinem Volk Gnade erweist, ruft uns auf, ihnen auch Gnade zu erweisen.
* Der Herr, der Jerusalem wieder aufrichtet als einen Lobpreis auf Erden, fordert uns auf, dafür zu beten.

Es ist nicht nur der Jubel, den er fordert. Wenn wir nicht das ganze Ausmaß dessen verstehen, was aus der Wiederherstellung Israels erfolgen wird, werden wir nicht wirklich von Herzen jubeln oder arbeiten oder beten können, daß es Wirklichkeit wird. Erst wenn uns klar ist, daß die Erlösung dieses Planeten Erde davon abhängt, daß »Leben aus den Toten« daraus resultiert, daß in der Folge sowohl die Völker als auch die Tiere aufhören, einander zu bekämpfen, werden wir wirklich dazu befähigt werden, im vollsten Sinne des Wortes, zu jubilieren.

Wenn wir allerdings nicht verstehen, daß erst die Herrschaft des souveränen Herrn die endlose Spirale von Leid und Krieg durchbrechen kann, werden wir nicht in der Lage sein, uns mit Gott zu freuen, der immer und immer wieder durch die gesamte Heilige Schrift hindurch ankündigt, daß dieser Tag für sein erstgeliebtes Volk kommen wird.

So groß ist dieses Ereignis, daß an jenem Tag

> »... des Mondes Schein [sein wird] wie der Sonne Schein, und der Sonne Schein siebenmal heller ... zu der Zeit, wenn der Herr den Schaden seines Volks verbinden und seine Wunden heilen wird« (JESAJA 30, 26).

Hier haben wir wiederum eine erstaunliche Stelle, die uns zeigt, daß selbst Sonne und Mond mit Jubel auf das Herannahen der Zeit des Trostes für das jüdische Volk reagieren werden. Was für ein wunderbarer Tag das zu werden verspricht, wenn er mit einer solchen Liebe und himmlischen Begeisterung vom Gott Israels angekündigt wird, der sagt:

> »Ich habe mein Angesicht im Augenblick des Zorns ein wenig vor dir verborgen, aber mit ewiger Gnade will ich mich deiner erbarmen, spricht der Herr, dein Erlöser« (JESAJA 54, 8).

2. Die Zeit von Jakobs Trübsal

»Ich habe dich einen kleinen Augenblick verlassen ... « (JESAJA 54, 7). Der Schmerz und Aufschrei dieses Augenblicks wurde auf tausendfache Weise in die Seiten der jüdischen Geschichte eingeprägt: angefangen von den Tagen, als Titus die Stadt Jerusalem zerstörte und als (etwa 60 Jahre später) der Bar Kochba-Aufstand gegen Rom mit einem Blutbad unter den Juden niedergeschlagen wurde – durch die Zeit der Kreuzfahrer und das darauf folgende dunkle und schreckensvolle Mittelalter mit seinen Verleumdungen, Massakern und der spanischen Inquisition bis hin zu den grauenerregenden Jahren des Holocaust.

Es war ein Aufschrei, durchtränkt von Tränen, Blut und Todesangst. Es ist ein Schrei, der noch immer von jenen zu hören ist, deren Wunden bis heute noch nicht verheilt sind. Selbst Gott erkennt die entsetzliche Schwere der Verwundung seines Volkes an, wenn Er sagt:

> »Dein Schaden ist verzweifelt böse, und deine Wunden sind unheilbar. Deine Sache führt niemand; da ist keiner, der dich verbindet, es kann dich niemand heilen. Alle deine Liebhaber vergessen dich, fragen nichts nach dir. Ich habe dich geschlagen wie einen Feind mit unbarmherziger Züchtigung um deiner großen Schuld und um deiner vielen Sünden willen« (JEREMIA 30, 12-15).

Gott schließt diesen Abschnitt allerdings mit den Worten:

»Doch alle, die dich gefressen haben, sollen gefressen werden, und alle, die dich geängstigt haben, sollen alle gefangen weggeführt werden; und die dich beraubt haben, sollen beraubt werden, und alle, die dich geplündert haben, sollen geplündert werden. Aber dich will ich wieder gesund machen und deine Wunden heilen, spricht der Herr, weil man dich nennt: ›die Verstoßene‹ und: ›Zion, nach der niemand fragt‹« (JEREMIA 30, 16 - 17).

In diesem Abschnitt gibt es viele Dinge, die einer näheren Erklärung bedürfen. Doch bevor wir uns die Details ansehen, wollen wir in Ehrfurcht und Stille, wie Gott selbst, vor der Größe des jüdischen Leides der letzten zwei Jahrtausende stehenbleiben. Denn nur dann werden wir in der Lage sein, auf Gottes Ruf zu antworten: Tröstet, tröstet mein Volk! Redet mit Jerusalem freundlich ..., denn sie hat doppelte Strafe empfangen für alle ihre Sünden (vgl. JESAJA 40, 1 - 2).

Ungefähr im Jahre 32, als Jesus auf dem Weg zu seiner Verhaftung und seinem Prozeß war, sprach er die folgenden Worte zu seinen jüdischen Freunden und Jüngern:

»Ihr werdet alle Ärgernis nehmen; denn es steht geschrieben: ›Ich werde den Hirten schlagen, und die Schafe werden sich zerstreuen‹« (MARKUS 14, 27).

Diese Worte sind denen sehr ähnlich, die der alte jüdische Prophet Simeon im Tempel sprach, als er das Baby Jesus in seinen zitternden Händen hielt:

»Siehe, dieser ist gesetzt zum Fall und zum Aufstehen für viele in Israel und zu einem Zeichen, dem widersprochen wird« (LUKAS 2, 34).

Als Jesus ein erwachsener Mann geworden war, sah er das furchtbare Leid, das über Jerusalem kommen sollte, voraus und weinte über die Stadt, indem er klagte:

> »Denn es wird eine Zeit über dich kommen, da werden deine Feinde um dich einen Wall aufwerfen, dich belagern und von allen Seiten bedrängen, und werden dich dem Erdboden gleichmachen samt deinen Kindern in dir und keinen Stein auf dem andern lassen in dir, weil du die Zeit nicht erkannt hast, in der du heimgesucht worden bist« (LUKAS 19, 43-44).

Den jüdischen Frauen, die ihn auf der *via dolorosa* begleiteten, sagte Jesus:

> »Ihr Töchter von Jerusalem, weint nicht über mich, sondern weint über euch selbst und über eure Kinder. Denn siehe, es wird die Zeit kommen, in der man sagen wird: Selig sind die Unfruchtbaren und die Leiber, die nicht geboren haben, und die Brüste, die nicht genährt haben! Dann werden sie anfangen, zu sagen zu den Bergen: Fallt über uns! und zu den Hügeln: Bedeckt uns! Denn wenn man das tut am grünen Holz, was wird am dürren werden?« (LUKAS 23, 28-31).

Es ist ganz so, wie es der Prophet SACHARJA voraussah: Nachdem Gottes »Hirte«, »der Mann, der ihm am nächsten ist«, geschlagen ist, wird eine furchtbare Zeit über sein Volk kommen. Es ist beängstigend, wie alle diese Prophetien auf den Buchstaben genau erfüllt wurden. Nicht einer der Steine jenes wunderschönen Tempelgebäudes, das Herodes in 43 Jahren errichtet hatte, blieb auf dem anderen. Hunderttausende von Juden in der Stadt – Männer, Frauen und Kinder – wurden von den römischen Legionen umzingelt. Nach einer mehrmonatigen Belagerung brachen die Soldaten in die Stadt ein und schlachteten über

600 000 Juden ab. Im Jahre 73 wiederholten die Römer ihre Taten in Massada. Die letzten Juden, die Widerstand geleistet hatten, zogen es vor, Selbstmord zu begehen, als in die Hände der Heiden zu fallen.

> »Und es soll geschehen in dem ganzen Lande, spricht der Herr, daß zwei Teile darin ausgerottet werden sollen und untergehen, und nur der dritte Teil soll darin übrigbleiben. Und ich will den dritten Teil durchs Feuer gehen lassen und läutern, wie man Silber läutert, und ihn prüfen, wie man Gold prüft« (SACHARJA 13, 8-9).

Der zeitgenössische jüdische Historiker JOSEPHUS berichtet uns, wie genau dies passiert ist. Es starben nicht nur hunderttausende Juden innerhalb Jerusalems. Später, nach dem BAR KOCHBA-Aufstand ging das römische Schwert noch einmal »durch das Land« und schlachtete so viele Juden hin, daß sich das Mittelmeer vom Blut des Volkes Gottes rot färbte.

Gottes Zorn und Enttäuschung können jedoch niemals als Rechtfertigung für die schrecklichen Verbrechen des Antisemitismus dienen. Diese Verbrechen wurden nicht nur von den Römern verübt, sondern auch von den Kreuzfahrern, Priestern, Mönchen und vielen anderen christlichen Geistlichen und Laien durch die Jahrhunderte hindurch bis hin zu den grauenhaften Tagen des Holocaust. Nicht nur die Ausführung dieser Millionen von Greueltaten der Grausamkeit und des Antisemitismus, sondern auch der Mangel an Mitleid, und daß es so wenige Tröster gab unter denen, die doch eigentlich hätten Barmherzigkeit zeigen sollen, wird von Gott beklagt und getadelt.

Obwohl Gott klar sagt, daß er seinen eigenen Rechtsstreit mit dem jüdischen Volk hat, ist er doch verärgert darüber, wie die Nationen diejenigen behandelt haben, die er sein eigen nennt – der beinahe totale Mangel an Barmherzigkeit oder Liebe auf Seiten der Nichtjuden. Gott sagt, daß, wenn er sein Eigentum nicht verschont hat, er auch diejenigen nicht verschonen wird, die sich derartig an seinem Volk vergangen haben. »Denn es kommt der Tag der Rache des Herrn und das Jahr der Vergeltung, um Zion zu rächen,« ruft JESAJA aus (JESAJA 34, 8).

Durch JEREMIA sagt Gott:

> »Darum fürchte du dich nicht, mein Knecht JAKOB, spricht der Herr, und entsetze dich nicht, Israel. Denn siehe, ich will dich erretten aus fernen Landen und deine Nachkommen aus dem Lande ihrer Gefangenschaft, daß Jakob zurückkehren soll und in Frieden und Sicherheit leben, und niemand soll ihn schrecken. Denn ich bin bei dir, spricht der Herr, daß ich dir helfe. Denn ich will mit allen Völkern ein Ende machen, unter die ich dich zerstreut habe; aber mit dir will ich nicht ein Ende machen. Ich will dich mit Maßen züchtigen ...« (JEREMIA 30, 10-11)

Und durch einen anderen Propheten:

> »Predige und sprich: So spricht der Herr Zebaoth: Ich eifere für Jerusalem und Zion mit großem Eifer und bin sehr zornig über die stolzen Völker; denn ich war nur ein wenig zornig, sie aber halfen zum Verderben« (SACHARJA 1, 14-15).

Das ganze Ausmaß des Bösen, das am jüdischen Volk begangen und von ihm erlitten wurde, können wir nie ermessen. Aber hier sind wenigstens einige Beispiele und Stimmen, die die Tiefe und Ungeheuerlichkeit ihrer Todesangst durch die Zeiten hindurch andeuten. Mögen sie uns dazu veranlassen, zu Tröstern für Gottes Volk zu werden. Mögen sie uns die Tränen der Reue darüber in die Augen treiben, wie Christen – die doch sagen, daß sie an einen Gott der Liebe und Barmherzigkeit glauben – so fürchterlich darin versagt haben, seinem eigenen Volk diese Liebe und Barmherzigkeit zu erweisen.

Im folgenden beschreibt William Hull das grauenvolle Massaker der Römer:

> In Jerusalem kämpften drei Fraktionen um die Führung der Verteidigung und hielten mit ihrem bereits blutigen Bürgerkrieg erst inne, als sich die Römer tatsächlich der Stadt näherten. Heldenhaft stellten sich die Juden dem römischen Angriff unter dem Kommando des Titus, des Sohnes Vespasians (der mittlerweile nach Rom zurückgekehrt und dort zum Kaiser gekrönt worden war). Die Stadt hatte drei Mauern, eine innerhalb der anderen, und eine nach der anderen fiel, bis den Juden nur noch das Tempelareal blieb. Am 9. Av, drei Wochen nachdem das letzte verfügbare Tier als Opfer dargebracht worden war, griffen die Römer an. Es gelang ihnen, das Haupttor zu verbrennen und in das Gebiet des Tempels einzufallen.
>
> Damit begann eines der grauenhaftesten Massaker in der Geschichte, wobei die Juden bis zum Tode kämpften oder sich selbst in die Flammen des brennenden Tempels warfen. Bevor das Feuer weit genug vorgedrungen war, erzwang sich Titus persönlich den Weg in das Allerheiligste. Zum letzten Mal wurde dieser heilige Ort entweiht, als schon die Flammen an den Wänden leckten. Niemals wieder wurde ein jüdisches Opfer auf dem Altar in Jerusalem Gott dargebracht. Das Gesetz forderte ein Opfer. Doch Gott, der das Gesetz gegeben hatte, ließ es zu, daß Tempel und Altar zerstört wurden, trotz aller Hoffnungen der Juden auf eine wunderbare Befreiung. Gott forderte ein Opfer für die Rechtfertigung von Sünden. Dann ließ er zu, daß die Mittel dazu weggenommen wurden. Ist Gott ungerecht? Könnte es sein, daß die Notwendigkeit für alle weiteren Opfer hinfällig geworden war, weil Gott entsprechend seiner Verheißungen seinen Sohn als das vollkommene Opfer hingege-

ben hatte, das alle vorhergehenden, unvollkommenen Opfer ersetzen sollte? Es war in derselben Stadt, nur vierzig Jahre zuvor, daß einer, der das Lamm Gottes genannt wurde, gestorben war. Er wurde im Angesicht dieses Tempels hingerichtet, um den Israel noch Jahrhunderte später trauerte. Und er starb mit dem Schrei auf den Lippen: »Vater, vergib ihnen! Denn sie wissen nicht, was sie tun.«
Mit der Zerstörung des Tempels wurden viele der überlebenden Juden in andere Länder zerstreut, viele als Sklaven verkauft. Ihr Exil hatte begonnen. Noch einmal, im Jahr 132 n. Chr. erhob sich der Überrest der Juden in Judäa unter Bar Kochba (von dem einige glaubten, daß er der Messias sei) gegen die Macht Roms. Im Jahr 135 kam es in Bethar, einer Stadt, die wahrscheinlich in der Nähe Jerusalems lag, zum Zusammenstoß. Ihre Niederlage dort resultierte schließlich in der Niederwerfung des gesamten jüdischen Widerstandes durch die römischen Armeen. 580 000 Juden wurden angeblich auf dem Schlachtfeld getötet, und die Sklavenmärkte wurden überschwemmt von jüdischen Gefangenen. Judäa war jetzt beinahe leergefegt von Juden.[124]

In einer popularisierten Form der Geschichtsschreibung des Josephus schreibt Rabbi Leibel Reznick unter dem Titel »Woe, Jerusalem« (»Wehe, Jerusalem«):

Das Feuer tobte noch immer im Hof des Tempels. Die Zeloten waren in die Ober- und Unterstadt geflohen, die einzigen geschützten Bereiche der Heiligen Stadt, die noch blieben. Die Römer brachten ihre Standarten und Fahnen in den Tempel und postierten sie in der Nähe des Osttores. Die Legionäre, die sich noch immer auf dem Ölberg gegenüber dem Osttor gelagert hatten, beobachteten dies mit Erleichterung und Stolz.
Die Römer plünderten die Tempelschätze, die so voller wertvoller Metalle waren, daß der Goldpreis im gesamten Nahen Osten bald um die Hälfte fiel. Noch immer wurden einige Priester, die sich im Tempelareal versteckt gehalten hatten, gefunden. Sie wurden vor Titus gebracht und hingerichtet.

Der letzte Überrest der Stadtmauer begann an der Südostecke des Tempels. Von dort zog sich die Mauer südwärts hin und folgte dem Verlauf des Kidrontales. Dann wandte sie sich nach Westen, so weit das Hinnomtal ging. Von dort verlief die Mauer nach Norden bis zum Davidsturm. Von dieser Festung aus wandte sie sich nach Osten und verlief über den Berg, auf dem die Oberstadt lag. Die Mauer überquerte den Berg und das Tyropöontal, bis sie auf die westliche Tempelmauer traf. Dieses Gebiet war der letzte sichere Überrest Jerusalems.

Die überlebenden Revolutionäre und Bürger drängten sich in diesem Distrikt zusammen. Titus stand auf der Westmauer des Tempels und wandte sich an Jochanan und Schimon und ihre revolutionären Truppen unter ihm. »Die Führer des Aufstandes müssen sich ergeben. Sie werden sich der gerechten Strafe stellen müssen, aber ihre Anhänger werden Immunität genießen.« Jochanan forderte freien Abzug aus der belagerten Stadt in die judäischen Berge für alle. Titus war entrüstet über die Zeloten, die ihm Forderungen auferlegen wollten, als seien sie die Sieger und nicht die Besiegten. So wies er seine Truppen an, die Stadt zu verwüsten.

Vor diesem furchtbaren Krieg war eben dieser Tag, der 15. Av, ein Feiertag. Es war ein Festtag. Der Abschluß des Fällens der Bäume für das Feuerholz des Tempels wurde gefeiert. Mädchen tanzten in leinenen Festgewändern durch die Weinberge. Sie würden einander Kleidung leihen, um diejenigen nicht zu beschämen, die keine angemessenen Gewänder besaßen. Heiratsvermittler würden Paare zusammenführen und nicht lange danach würde das Land erfüllt sein von der Musik der Verlobungsfeiern. Aber dieses Mal gab es keinen Tanz. Man sah keine Feiern. Es gab keine Musik. Der Tempel war zerstört. Judäa war verwüstet. Die Überlebenden der jüdischen Nation waren in der letzten verbleibenden Ecke Jerusalems eingekesselt. Dieser Tag war nicht länger ein Tag des Feierns und der Fröhlichkeit; es war ein Tag des Trauerns und der Verzweiflung.[125]

Aber die grausame Geschichte des Leidens setzte sich durch das Mittelalter fort und fand ihren Tiefpunkt in der unglaublichen Todesangst des Holocaust im 20. Jahrhundert.

Dr. Michael Brown schreibt in seinem tiefbewegenden Buch über die tragische Geschichte der »Kirche« und des jüdischen Volkes:

> Wahre Liebe belastet das Herz ... Jesus weinte, als er die finstere Zukunft seines Volkes sah ... Beinahe 2000 Jahre lang brachte jeder Tag seinen Teil an Schmerz. Der KZ-Überlebende und Nazi-Jäger Simon Wiesenthal hat eine Chronik des jüdischen Martyriums für jeden Tag des Jahres zusammengestellt. Hier soll nur ein typischer Tag zufällig aus Wiesenthals Chronik der angstvollen Geschichte unseres Volkes herausgepickt werden.[126] Alle diese Tragödien ereigneten sich am 23. Juni, an einem Tag von vielen in der leidvollen Geschichte unserer Nation:
>
> **1270** In Weissenburg, Deutschland, werden sieben Juden ohne Anklage verhaftet, gefoltert und hingerichtet.
>
> **1298** Die Rindfleisch-Verfolgungen ... vernichteten 146 jüdische Gemeinden in Süd- und Mitteldeutschland. In Windsheim/Franken werden 55 Juden auf dem Scheiterhaufen verbrannt; 900 Juden aus der großen Gemeinde in Würzburg werden abgeschlachtet, darunter 100, die von anderen Orten hier Zuflucht gesucht hatten. Im wenig bekannten Städtchen Neustadt an der Aisch werden 71 Juden verbrannt.
>
> **1475** Im Falle des Simon von Trient (Italien) wird ein christliches Kind tot aufgefunden. Samuel, ein wohlhabender Jude und andere seiner Brüder werden fälschlich angeklagt und gefoltert. Der Knabe wird zum Märtyrer erhoben und die Juden werden von März bis April gefangengehalten und gefoltert. Am 23. Juni wird Samuel auf dem Scheiterhaufen

verbrannt. Die anderen werden ebenfalls verbrannt oder gerädert. Simon von Trient wird als Märtyrer verehrt bis zu einer Intervention des Vatikan im Jahre 1965.

1919 Während eines Pogroms werden 45 Juden ermordet. Viele werden schwer verwundet und 35 jüdische Frauen werden von [Armee-] Rebellen vergewaltigt ... in Skvira, Kiew.

1941 Nach der deutschen Invasion in Sokal, Polen [heutige Ukraine], wo 6000 Juden leben, werden acht Juden erschossen...

1942 Die SS ermordet 850 Juden in Wielopole im Distrikt Krakau, Polen. Die erste Selektion für die Gaskammern im Vernichtungslager Auschwitz in Polen findet auf dem Bahnsteig nach der Ankunft eines Zuges aus Paris, Frankreich, statt...

1943 Ein Deportationszug verläßt Paris in Richtung Auschwitz mit 1000 Juden, unter ihnen 100 Kinder unter 16 Jahren und 13 Babies, die alle sofort nach der Ankunft getötet werden. Alle Insassen eines Altersheims in Moravska Ostrave, Tschechoslowakei, werden nach Auschwitz deportiert ... Ein Deportationszug mit 1018 jüdischen Menschen verläßt das Drancy-Transitlager in der von Deutschen besetzten Zone Frankreichs in Richtung Auschwitz. Bei der Ankunft werden 518 vergast; 72 Männer und 37 Frauen werden überleben.[127]

Der Holocaust war bei weitem das Schlimmste, was das jüdische Volk durch seine leidgeprägte Geschichte der Zerstreuung hindurch seit Titus erlitt. Es war die Zeit der Trübsal JAKOBS, deren Terror und Schwere ohne Vergleich ist, wie JEREMIA vorausgesagt hatte – ein Tag so furchtbar wie keiner zuvor in der jüdischen Geschichte.

Elie Wiesel, selbst Überlebender des Holocaust, schrieb über dieses schreckliche Ereignis in seinem Buch, das – nicht ohne Grund – den Titel trägt »Die Nacht zu begraben, Elischa«:

> Ich habe in der Folge mehreren Erhängungen beigewohnt. Nie habe ich einen der Verurteilten weinen sehen, denn ihre ausgemergelten Körper hatten seit langem den bitteren Trost der Tränen vergessen.
> Mit Ausnahme einer Vollstreckung. Der Oberkapo des 52. Kabelkommandos war ein Holländer: ein über zwei Meter hoher Riese. Siebenhundert Häftlinge arbeiteten unter seinem Befehl und alle liebten ihn wie einen Bruder. Nie hatte einer eine Ohrfeige von seiner Hand bekommen, nie einen Fluch aus seinem Munde gehört.
> Er hatte im Dienst einen jungen Burschen bei sich, einen Pipel, wie man ihn nannte, ein Kind mit feingezeichneten schönen Gesichtszügen, das nicht in unser Lager paßte.
> (... Der kleine Diener des Holländers wurde jedoch von allen geliebt. Er hatte das Gesicht eines unglücklichen Engels.)
> Eines Tages flog die Elektrozentrale von Buna in die Luft. An Ort und Stelle gerufen, schloß die Gestapo auf Sabotage. Man fand eine Fährte, die in den Block des holländischen Oberkapos führte. Dort entdeckte man nach einer Durchsuchung eine bedeutende Menge Waffen.
> Der Oberkapo wurde auf der Stelle festgenommen. Wochenlang wurde er gefoltert. Umsonst. Er gab keinen Namen preis, wurde nach Auschwitz überführt und war fortan verschollen.
> Aber sein Pipel blieb im Lager, im Kerker. Gleichfalls gefoltert, blieb auch er stumm. Die SS verurteilte ihn daher zusammen mit zwei anderen Häftlingen, bei denen Waffen gefunden worden waren, zum Tode.
> Als wir eines Tages von der Arbeit zurückkamen, sahen wir auf dem Appellplatz drei Galgen. Antreten. Ringsum die SS mit drohenden Maschinenpistolen, die übliche Zeremonie. Drei gefesselte Todeskandidaten, darunter der kleine Pipel, der Engel mit den traurigen Augen.

Die SS schien besorgter, beunruhigter als gewöhnlich. Ein Kind vor Tausenden von Zuschauern zu hängen, war keine Kleinigkeit. Der Lagerchef verlas das Urteil. Alle Augen waren auf das Kind gerichtet. Es war aschfahl, aber fast ruhig und biß sich auf die Lippen. Der Schatten des Galgens bedeckte es ganz.
Diesmal weigerte sich der Lagerkapo, als Henker zu dienen. Drei SS-Männer traten an seine Stelle.
Die drei Verurteilten stiegen zusammen auf ihre Stühle. Drei Hälse wurden zu gleicher Zeit in die Schlingen eingeführt.
»Es lebe die Freiheit!« riefen die beiden Erwachsenen.
Das Kind schwieg.
»Wo ist Gott, wo ist er?« fragte jemand hinter mir.
Auf ein Zeichen des Lagerchefs kippten die Stühle um.
Absolutes Schweigen herrschte im ganzen Lager. Am Horizont ging die Sonne unter.
»Mützen ab!« brüllte der Lagerchef. Seine Stimme klang heiser. Wir weinten.
»Mützen auf!«
Dann begann der Vorbeimarsch. Die beiden Erwachsenen lebten nicht mehr. Ihre geschwollenen Zungen hingen bläulich heraus. Aber der dritte Strick hing nicht reglos: der leichte Knabe lebte noch...
Mehr als eine halbe Stunde hing er so und kämpfte vor unseren Augen zwischen Leben und Sterben seinen Todeskampf. Und wir mußte ihm ins Gesicht sehen. Er lebte noch, als ich an ihm vorüberschritt. Seine Zunge war noch rot, seine Augen noch nicht erloschen.
Hinter mir hörte ich denselben Mann fragen:
»Wo ist Gott?«
Und ich hörte eine Stimme in mir antworten:
»Wo er ist? Dort – dort hängt er, am Galgen...«
An diesem Abend schmeckte die Suppe nach Leichnam.[128]

Eines der vielleicht schockierendsten Bücher über den Holocaust – ein Buch, das von allen gelesen werden sollte, die wenigstens etwas vom Schmerz des jüdischen Volkes nachempfinden wollen – ist über Elli geschrieben worden – ein junges Mädchen, das gemeinsam mit seiner Mutter durch den Holocaust ging.[129]

Einer der Rezensenten dieses Buches schreibt: »Wie kann man als Kritiker hörbar weitervermitteln, daß es inmitten der Flut von Büchern, die dieser Tage produziert werden, inmitten der Welle von Büchern, die von Überlebenden des Holocaust verfaßt wurden, ein Buch gibt, nämlich dieses eine, das alle, außer einigen wenigen, in den Schatten stellt« (West Coast Review of Books).

Elli erzählt:

> Ich bin furchtbar hungrig. Heute ist der fünfte Tag des Passafestes. Mama und ich haben beschlossen, daß eine von uns Passa halten wird, indem sie die Brotration nicht ißt, und die andere dafür ihre Ration der gekochten Mahlzeit am Mittag und am Abend teilt. Ich habe mich freiwillig bereiterklärt, auf die Brotration zu verzichten. Mama hat zugestimmt, weil ihr körperlicher Zustand bei weitem schlechter ist, als meiner. So hatte ich morgens nur schwarzen Kaffee, und eineinhalb Schüsseln Suppe am Mittag und abends. Diese ganze Flüssigkeit ohne die Morgen- und Abendration an Brot verursachte einen Bärenhunger in mir, und am dritten Tag fühlte ich mich ziemlich schwach. Jetzt, am fünften Tag, fühle ich, wie ich ohnmächtig werde, nachdem ich auf den Kaffee am Morgen verzichtet habe. Mir fällt es schwer, zu stehen. Aber ich habe Angst, mich hinzuhocken, besonders wenn die Deutschen es sehen. Ich wage keinen zweiten Fehler an einem Tag.
>
> So stehe ich an der Mauer mit den anderen. In wenigen Stunden sind wir alle total übermüdet und unsere Lagerkameraden werfen uns mitleidige Blicke zu. Ihnen ist nicht erlaubt, mit uns zu reden.
>
> Arme Mama, sie geht immer wieder hin und her, wobei sie alle paar Minuten bei mir vorbeikommt. Ihr Gesicht ist ein

Bild des Mitleides. Ich strenge mich an, sie zu ermutigen, aber je länger sich die Stunden hinziehen, desto schwieriger wird es.
Der Kessel mit Suppe wird in der Halle direkt vor unseren Nasen verteilt. Ebenso das Abendessen und das Brot. Aber wir stehen da und es kommt uns vor, als gehe der Tag nie zu Ende. Meine Füße sind wie Holz und mein Rücken schmerzt auf der ganzen Länge. Mein Magen ist schwer und stumpf. Ein leichtes Zittern durchzieht meinen ganzen Körper. Mir ist sehr kalt.
Um 10 Uhr, nachdem das ganze Lager zu Bett gegangen ist, kommt der Oberscharführer zu uns.
»Seid ihr müde? Seid ihr hungrig? Habt ihr etwas gelernt?«
Wir fangen an zu weinen. Wir sind jenseits jeglicher Erschöpfung. Jenseits vom Hunger.
»Geht in eure Blocks!«
Wir können uns kaum bewegen. Langsam schleppen wir uns in unsere Räume.
In meinem Raum ist es dunkel und still. Geräuschlos gehe ich zu meinem Bett. Mama bewegt sich. Abrupt setzt sie sich auf und umarmt mich: »Gott sei Dank, es ist vorbei! Komm, setz dich einen Augenblick her.«
Unter ihrer Decke zieht sie eine Schüssel kalter Suppe hervor. Es ist ihr Abendessen. Sie hat es für mich aufgehoben.
»Iß das, du mußt ja ohnmächtig sein vor Hunger.«
»Es ist dein Abendessen. Du hast noch nichts davon gegessen. Ich werde die Hälfte essen. Nimm deinen Löffel und laß uns miteinander essen.«
»Nein, ich werde nicht essen. Du mußt alles essen. Du hast den ganzen Tag nichts gegessen.«
»Sieh, Mama. Ich bin sehr hungrig, das ist wahr. Und ich werde die Hälfte der Suppe essen. Aber du mußt die andere Hälfte essen, weil du so schwach und dünn geworden bist und jeder Tropfen Nahrung, den du dir verweigerst, kann sich katastrophal auswirken. Nimm deinen Löffel und laß uns miteinander essen.«
Mutter wird sehr ärgerlich. Sie flüstert: »Hör auf zu reden und iß!«

Sie nimmt den Löffel, stößt ihn in die Suppe und führt ihn dann zu meinem Mund.
Ich schüttle den Kopf mit eng aufeinander gepreßten Lippen. Mama schaut mich an, ihr Gesicht glüht. Aber ich bleibe eisern.
»Ich werde nicht essen, wenn du nicht mit mir teilst.«
Mamas Ärger und Verzweiflung liegen greifbar in der Luft.
»Wenn du die Suppe nicht leerißt, werde ich die Schüssel auf mein Bett ausleeren!«
Ich schüttle den Kopf. »Ich werde nur essen, wenn du auch ißt.«
Mama nimmt die Schüssel und dreht sie um. Mit einem Platschen landet der Inhalt auf ihrer grauen Decke. Kartoffelstücke liegen überall verstreut. Die Flüssigkeit wird vom Bettzeug aufgesaugt.
Ich traue meinen Augen nicht.
Die Suppe. Es gibt keine Suppe mehr! Mama hat sie absichtlich ausgeschüttet, und zwar auf ihr Bett! O, mein Gott, was ist passiert? Was ist mit ihr passiert? Mein Gott, was ist mit uns passiert?
»Mama, warum hast du das getan? Um Gottes willen, warum hast du das getan?!«
Mama fängt an zu weinen. Sie umarmt mich und wir legen uns auf meiner Seite des engen Bettes nieder. Auch ich fange an zu weinen. Wegen der Suppe, wegen Mama, wegen all der unglücklichen, elenden, kalten und hungrigen Gefangenen der Welt.
Wir weinen bis der Morgen graut. Unser Weinen war untröstlich, schwer und hoffnungslos. Bitterkeit verbrennt meine Kehle. Beschwert, niedergedrückt, verzweifelt. Der Himmel scheint sich mit dem Morgengrauen zu verdunkeln. Unsere Trauer war vollkommen, und zum ersten Mal unkontrollierbar.
Viel später haben wir herausgefunden, daß in dieser Nacht Vati starb – am fünften Tag des Passa.[130]

Die folgende Geschichte kommt aus dem Konzentrationslager Treblinka:

Der Schmerz und mit ihm das Bewußtsein kamen erst vier Wochen später wieder, als die »Techniker« darangegangen waren, das Lager zu »reformieren«. Nun gab es fünfzehnhundert Häftlinge in Treblinka. Viele begingen Selbstmord, entweder mit Gift, das sie im Gepäck der Vergasten gefunden hatten, oder nachts in der Baracke durch Erhängen. Die Umstände machten das Erhängen sehr schwierig, und bei vielen dauerte es lange, ehe sie zur Ruhe kamen. Später, als sich allmählich unter den Häftlingen Kontakte bildeten, verbesserten sie die Methode. Dann hatte man einen Freund, der die Kiste wegzog – der größte Freundschaftsbeweis, den es gab. Man stieg auf eine Kiste, legte sich den Gürtel um den Hals und befestigte ihn an einem Balken. War alles fertig, sagte man: »Los!« Der Freund zog die Kiste mit einem Ruck weg und sprach das Kaddish. Waren zwei Freunde sehr eng miteinander verbunden und wollten sie alle beide Schluß machen, dann losten sie, und der Verlierer mußte sich, nachdem er die Kiste weggezogen hatte, entweder allein erhängen oder einen anderen Freund zu Hilfe holen.

Ein Vater und sein Sohn hatten als erste dieses Verfahren angewandt. Der Sohn war noch jung, der Vater ein älterer Mann. Der Vater hatte den Sohn gedrängt, zu leben, um den Familiennamen nicht erlöschen zu lassen, aber jetzt war der Sohn ein »Klepssidra«. Als der Sohn den Vater gefragt hatte, ob Spuren zu sehen seien, hatte der Vater zuerst nicht antworten wollen. Lange Zeit hatten sie nachts in der Baracke flüsternd diskutiert.

»Sag's mir, Vater, sag's mir ganz offen«, drängte der Sohn.

»Nein, Junge, du hast nichts«, antwortete der Vater und strich ihm mit der Hand übers Gesicht. »Du bleibst am Leben und gibst unseren Namen weiter.«

Der Vater hatte sich derart in den Wunsch hineingesteigert, seinen Stamm nicht erlöschen zu sehen, daß er sogar das Risiko auf sich nahm, den Sohn unter entsetzlichen Qualen sterben zu lassen: »Du bleibst am Leben und kommst nach Israel, in unsere Heimat. Du heiratest und wirst Kinder haben – es werden meine Kinder sein, die Kinder meines

Vaters, die Kinder meiner Vorfahren. Du wirst sie in der Furcht Gottes aufwachsen lassen. Und du sagst ihnen, wie wir gestorben sind, damit die Welt es nicht vergißt. Du hilfst mit, aus unserer Heimat eine uneinnehmbare Festung zu machen, die den Herrn fürchtet, gepriesen sei Sein Name, und die die Furcht Seiner Feinde ist.«
Seine Stimme hatte sich erhoben, wie die eines Propheten.
»Ja, Vater«, antwortete der Sohn eingeschüchtert.
»Und es soll geschehen, spricht der Herr, daß in einem Land zwei Drittel sind, die sollen ausgerottet werden und untergehen, und das dritte Teil soll darinnen überbleiben. Und ich will dasselbe dritte Teil durchs Feuer führen und läutern, wie man Silber läutert, und fegen, wie man Gold fegt. Die werden dann meinen Namen anrufen, und ich will sie erhören. Ich will sagen: ›Das ist mein Volk‹, und sie werden sagen ›Herr, mein Gott‹.
Du gehörst zu dem Drittel, von dem der Prophet Zacharias spricht«, sagte der Vater, »und ich, ich werde verworfen. Aber ihr werdet geläutert wie Silber und gefegt wie Gold. So hat es der Herr beschlossen, gelobt sei Sein Name.«
»Vater«, sagte der Junge plötzlich. »Ich habe Angst.«
Sein Vater sagte eine Weile nichts. Als er weitersprach, hatte sich seine Stimme verändert, sie klang sanfter, trauriger.
»Hast du das Vertrauen verloren?« fragte er.
»Ich habe Angst.«
Der Sohn gab sich Mühe, mit fester Stimme zu sprechen, aber sie zitterte ein wenig.
»Ich habe mit dem Finger Blut gespürt.«
Der Vater streichelte ihn lange, seinen Sohn, der nicht nach Israel kommen, der keine Kinder haben würde, der der Letzte seines Namens war und sterben mußte.
»Es gibt keinen Gott«, murmelte der Junge.
Die Gotteslästerung aus unschuldigem Herzen reizte den Vater nicht.
»Doch, mein Sohn«, sagte er liebevoll, »aber wir begreifen Ihn nicht. Unsere Sünden haben uns die Ohren verstopft und die Augen verschlossen.«
»Ich habe Angst«, wiederholte der Sohn. »Sie bringen mich

um, ich will das nicht. Ich glaube, ich habe keine Kraft mehr.«
Und er warf sich dem Vater in die Arme, der ihn lange umschlungen hielt und Gebete murmelte. Nach einer Weile sagte der Vater, als käme er aus einer tiefen Andacht:
»Komm, mein Junge. Bist du bereit, jetzt gleich zu sterben?«
»Ja, Vater«, antwortete er ergeben.
Der Vater nahm den Gürtel ab und knüpfte ihn dem Sohn um den Hals. Dann ließ er ihn auf eine Kiste steigen und stieg hinterher, um den Gürtel an einem Balken zu befestigen. Als das getan war, umarmte er den Sohn und stieg herunter. »Adieu«, murmelte der Junge. »Auf bald«, antwortete der Vater und riß die Kiste weg.
Einige Minuten später stellte er die Kiste wieder hin, stieg hinauf, nahm den Leichnam seines Sohnes ab, legte ihn behutsam auf den Sandboden der Baracke und sprach das Totengebet: »Yitgadal veyitkaddash ... «
In der Baracke hatten sich Stimmen erhoben, tonlos, anonym, brüderlich, und sprachen jedes Amen mit. Aber als der Vater sich selber die Schlinge um den Hals legte, rührte sich niemand. Er stieg wieder auf die Kiste, hob die Arme und tastete den Balken ab, um den Gürtel zu befestigen, und dann, mit ruckartiger Entspannung, stieß er die Kiste weg. Der Körper streckte sich, schwankte und kam zur Ruhe. Die Totenklage begann von neuem: »Yitgadal veyitkaddash ... «, abgründig wie der Tod, ewig wie der Glaube.
In dieser Nacht zeigten sich erste Zeichen eines wiedererwachten sozialen Lebens unter den Juden Treblinkas.[131]

Es ist traurig, daß ausgerechnet die Menschen, denen Paulus geboten hatte, den Juden Barmherzigkeit zu erweisen, die gläubigen Christen, in dieser Hinsicht während der langen Geschichte der Kirche so sehr versagt haben. Dennis Prager und Joseph Telushkin schreiben:

Das Christentum hat den Holocaust nicht geschaffen; ja, der Nationalsozialismus war anti-christlich. Aber es hat ihn möglich gemacht. Ohne den christlichen Antisemitismus wäre der Holocaust undenkbar ... HITLER und die Nazis fanden in der mittelalterlichen, katholischen anti-jüdischen Gesetzgebung ein Vorbild und sie lasen und veröffentlichten erneut die bösartig antisemitischen Schriften MARTIN LUTHERS. Es ist bezeichnend, daß der Holocaust von demjenigen großen Land in Europa ausgelöst wurde, das ungefähr zu gleichen Teilen katholisch und protestantisch ist. Beide Traditionen waren durchsetzt vom Haß gegen die Juden.[132]

MICHAEL BROWN schreibt:

Was ist mit der christlichen Liebe geschehen? PAULUS wünschte, anstelle des jüdischen Volkes verflucht zu sein. CHRYSOSTOMOS dagegen verfluchte die Juden! Wieviel Schaden wurde durch diese tragischen Predigten des Hasses initiiert? Der katholische Historiker MALCOLM HAY hat sicher recht, wenn er sagt: »Viele Jahrhunderte lang hörten die Juden auf das Echo dieser drei Worte des heiligen JOHANNES CHRYSOSTOMOS, des ›Goldmündigen‹: ›Gott haßt euch!‹« Und so war es allgemeinverstandene christliche Lehre, daß jeder, sei er nun Heide oder Christ, der zu irgendeiner Zeit Juden verfolgte, folterte oder abschlachtete, als Instrument des göttlichen Zornes handelt.[133]
Während der langen, finsteren Jahre des Mittelalters wurden Juden oft vor die Entscheidung gestellt: Taufe oder Vertreibung, Taufe oder Folter, Taufe oder Tod. Jede Art von degradierenden Gesetzen wurde gegen sie erlassen.[134]

Die Bibel sprach von diesem furchtbaren Tal der Todesangst, durch das das jüdische Volk gehen müsse. JEREMIA sah es als die »Zeit der Trübsal JAKOBS« und HESEKIEL als »Tal der trockenen Knochen.«

Aber dieser Schrecken würde auch unmittelbar gefolgt sein von einer wunderbaren Wiedergeburt der Nation.

Mit anderen Worten: Die Generation, die den Holocaust erleben würde, würde auch in der Folge die Rückkehr in das Land beobachten können, das Gott ihnen versprochen hatte, und somit den Anbruch der größten Zeit, die noch auf das jüdische Volk zukommen wird.

Wir wollen auf die Worte dieser beiden Propheten hören:

> »Wehe, es ist ein gewaltiger Tag, und seinesgleichen ist nicht gewesen, und es ist eine Zeit der Angst für JAKOB; doch soll ihm daraus geholfen werden. Es soll aber geschehen zu dieser Zeit, spricht der Herr Zebaoth, daß ich das Joch auf deinem Nacken zerbrechen will und deine Bande zerreißen. Sie werden nicht mehr Fremden dienen, sondern dem Herrn, ihrem Gott, und ihrem König DAVID, den ich ihnen erwecken will. Darum fürchte du dich nicht, mein Knecht JAKOB, spricht der Herr, und entsetze dich nicht, Israel. Denn siehe, ich will dich erretten aus fernen Landen und deine Nachkommen aus dem Lande ihrer Gefangenschaft, daß JAKOB zurückkehren soll ...« (JEREMIA 30,7-10).
> »Des Herrn Hand kam über mich, und er führte mich hinaus im Geist des Herrn und stellte mich mitten auf ein weites Feld; das lag voller Totengebeine ... Und siehe, es lagen sehr viele Gebeine über das Feld hin, und siehe, sie waren ganz verdorrt ... Und er sprach zu mir: Du Menschenkind, diese Gebeine sind das ganze Haus Israel. Siehe, jetzt sprechen sie: Unsere Gebeine sind verdorrt, und unsere Hoffnung ist verloren, und es ist aus mit uns. Darum weissage und sprich zu ihnen: So spricht Gott der Herr: Siehe, ich will eure Gräber auftun und hole euch, mein Volk, aus euren Gräbern herauf und bringe euch ins Land Israels« (HESEKIEL 37,1.2.11-12).

Bemerkenswert ist, daß die Propheten in beiden Texten ein furchtbares, beschleunigendes Ereignis voraussehen, das der Rückkehr der Juden in ihr Land vorausgeht.

Es ist so, wie Menachem Begin, der ehemalige israelische Premierminister, 5000 Holocaustüberlebenden 1981 an der Westmauer in Jerusalem sagte:

> Meine lieben Freunde, lassen Sie uns nie vergessen, daß wir, die Generation, die die finsterste Seite der jüdischen Geschichte erlebt hat – den Holocaust –, auch die hellste gesehen haben. Es war unsere Generation, die die Wiedergeburt des Staates Israel und die Wiedervereinigung unserer Hauptstadt Jerusalem erlebte!

Wenn allerdings die Frage auftaucht, ob es notwendig war, daß eine solch furchtbare Tragödie diesem wunderbaren – in der Bibel vorausgesagten – Ereignis der Wiedergeburt Israels vorausging, muß die Antwort ein nachdrückliches »Nein« sein!

Viele jüdische Menschen können heute nach der furchtbaren Erfahrung des Holocaust nicht mehr an Gott oder seine Liebe glauben. Elie Wiesel ist ein solcher Holocaustüberlebender, der zwar nicht als unreligiös bezeichnet werden kann, aber doch einen tiefgehenden Kampf in seinem Herzen mit Gott hat. Ich traf ihn einmal nach einer tiefbewegenden Rede, in deren Verlauf der Schmerz und die Frage seines Herzens spürbar zum Ausdruck kamen. Ich fühlte die Notwendigkeit, diesen Schrei, den ich verspürt hatte, zu beantworten und schrieb ihm später:

> Noch einmal möchte ich Ihnen für Ihre wunderbare Rede gestern abend danken, und auch für Ihre Freundlichkeit, daß Sie sich danach mit mir unterhalten haben. Ich bin selbst Redner und weiß, wie die Menschen einen nach einer Versammlung bedrängen können. Deshalb weiß ich Ihre informelle, warme und persönliche Reaktion zu schätzen.
> In gewisser Weise zögere ich, Ihnen zu schreiben, denn die Dinge, die Sie in Ihrer Rede angesprochen haben, sind so

tief und heilig, daß jede Erwiderung billig oder unangebracht erscheinen muß. Trotzdem möchte ich Ihnen aufgrund meiner Hochachtung zu Ihnen und als Freund antworten, weil ich nichts als das Allerbeste für Sie wünsche. Vielleicht wäre es besser, wenn wir uns direkt unterhalten könnten, um so einander weiterhelfen zu können, indem wir unsere Gedanken laut in Worte fassen, aber ich würde kaum wagen, angesichts Ihrer wertvollen Zeit, eine solche Bitte vorzubringen. Deshalb der Brief.

Meine Frau und ich leben in Jerusalem, in Israel. Ich habe zwei Kinder und mein Sohn dient in »Ihrer« israelischen Armee, wenn ich es so sagen darf. Ich bin Sprecher der Internationalen Christlichen Botschaft Jerusalem, die ein Licht des Trostes und der praktischen Hilfe für die Menschen in Israel sein möchte. Darin ist ein Zweig für die Sowjetjuden und unsere Sorge um das jüdische Volk im allgemeinen eingeschlossen. Wir eröffneten die Botschaft als Reaktion auf den Auszug von dreizehn Botschaften aus Jerusalem im Jahr 1980, nachdem das Jerusalem-Gesetz von der israelischen Knesset verabschiedet worden war.

Wir bemühen uns, in der ganzen Welt eine Stimme zu sein, die sich für Israel ausspricht, und sind dankbar dafür, dies tun zu können. Wir tun nichts anderes als die Moabiterin Rut, die zu Noomi sagte: »Wo du hingehst, da will ich auch hingehen; wo du bleibst, da bleibe ich auch. Dein Volk ist mein Volk, und dein Gott ist mein Gott. Wo du stirbst, da sterbe ich auch.«

Wir lieben Israel und die Menschen in Israel und glauben, daß sie ein einzigartiges Zeichen der Güte Gottes sind; daß er nicht nur sein Volk nicht vergessen hat, sondern durch sie auch seine Welt nicht vergessen hat.

Sie sprachen als Jude, der die Sorge um diese blutende Welt in sich trägt, in einer Art und Weise zu mir, die mich angesprochen und überzeugt hat. Natürlich wünsche ich mir von ganzem Herzen, daß Sie bereits mit uns und Ihrem Volk hier in Israel leben würden.

Ich erinnere mich an eine Rede von Herrn Begin vor einigen Jahren an der Westmauer, die er am selben Abend vor

5000 Holocaustüberlebenden hielt, an dem auch Sie sprachen. Dabei stellte er ihnen die Frage: »Meine Freunde, wo war unser Gott, als die sechs Millionen Menschen unseres Volkes brutal ermordet wurden?« Ich erinnere mich noch immer an seine Antwort, als er sagte: »Wenn es nicht die Gnade des Herrn gäbe, die uns einen Überrest für diesen Tag unserer Erlösung bewahrt hätte, wären wir alle wie Sodom und Gomorra. Lassen Sie uns nicht vergessen, daß unsere Generation, die die finsterste Seite unserer Geschichte gesehen hat, auch die hellste Seite sah, die Rückkehr nach Eretz Israel und Jerusalem. Es ist diese Generation, die die Rückgabe Jerusalems erlebte.«

Der jüdische Glaube ist universal, aber nicht ohne ein Zentrum. Er hat einen geographischen Brennpunkt, und zwar Jerusalem. Als ich die Jesaja-Wand vor dem UNO-Gebäude sah, auf der geschrieben steht, »Dann werden die Nationen ihre Schwerter zu Pflugscharen machen und nicht mehr länger den Krieg lehren,« wußte ich, daß Ihr Prophet diese Vision nicht zur Realität werden sah durch die Anstrengungen dieser Organisation der Völker, die wir UNO nennen, sondern er sah sie Wirklichkeit werden als Ergebnis der Rückkehr der Juden in ihr Land und zu ihrer Stadt Jerusalem. Nicht New York, New York, wenn ich dein vergesse, verliere meine rechte Hand ihre Geschicklichkeit, sondern Jerusalem ist die einzige Stadt, in der diese Prophetie eines Tages erfüllt werden wird. An jenem Tag werden alle Völker, einschließlich der Führer der Vereinten Nationen, hinaufziehen nach Jerusalem. Ich bin davon vollkommen überzeugt und in diesem Geist bete ich beständig für den Frieden Jerusalems, denn in seinem Schicksal liegt das Schicksal der Welt begründet.

Wann immer Ihr Volk, das Gottes auserwähltes Volk und ein Licht für die Nationen sein sollte, versuchte, diese Last auf sich zu nehmen und diese Welt humaner zu gestalten, hat es prinzipiell versagt. Diese Welt wird nicht verändert durch Ihr Volk, solange es in Boston, Berkeley, Kalifornien, Moskau oder Deutschland unter den Heiden lebt. Das ist die Tragödie von Marx, Freud, Einstein und vielen anderen. Ein Jude muß einen bestimmten Preis bezahlen, wenn er diese Welt verändern will. Er muß *Alija* machen. Er muß nach Jerusalem, nach Israel, kommen. Von hier aus ist er dazu bestimmt, ein Segen und ein Licht für alle Völker der Welt zu sein.

Es amüsiert mich, zu sehen, daß Jerusalem selbst in der politischen Welt nicht zum Mittelpunkt der Aufmerksamkeit wurde, solange es in britischen, türkischen oder jordanischen Händen war, sondern erst, als es wieder unter jüdische Herrschaft kam.

In den vielen Jahren, in denen ich in Jerusalem gelebt habe, wurde ich manches Mal gefragt: »Wo war Gott während des Holocausts?« Das ist eine furchtbare Frage, und vielleicht ist es, wie Sie sagten, noch furchtbarer, sie zu beantworten. Aber wenn wir sie nicht beantworten, ist derjenige, der die Rechnung bezahlt, Gott. Derjenige, den ich doch mit meinem ganzen Herzen lieben soll, wird in jener unheilvollen Position zurückgelassen, angeklagt zu werden, genau da versagt zu haben, was er doch beanspruchte zu sein: ein barmherziger Vater. Wenn wir also nicht antworten, lassen wir ihn bezahlen. Er wird angezweifelt. Er wird angeklagt. Er, der während dieser Jahre mehr mit und für sein Volk gelitten hat, mehr als man sich vorstellen oder zum Ausdruck bringen kann. Muß er dafür bestraft werden? Sie haben es so wunderbar in Ihrer Rede zum Ausdruck gebracht, daß es am Anfang nicht der Mensch, sondern Gott war, der dem Menschen die Frage stellte: »Wo bist du?« Mir hat diese Aussage in Ihrer Rede sehr gut gefallen und mir mißfällt die Arroganz des Menschen, der sich selbst immer das Recht anmaßt, Gott in Frage zu stellen, ohne sich den Fragen Gottes an sich selbst stellen zu wollen.

Das Buch Hiob ist eines der ergreifendsten Beispiele hierfür. Zuerst stehen da die billigen, religiösen, sauber zurechtgestutzten Antworten der Freunde, die weder Hiob, noch Gott zufriedenstellen, so daß Hiob am Ende für seine religiös so selbstsicheren Freunde beten muß. Dann stehen da Hiobs beinahe rebellischen Anfragen an Gott durch das gesamte Buch hindurch, und schließlich Gottes Antwort an Hiob, wie Sie in Ihrer Rede herausgestellt haben, in Form

einer Anfrage an Hiob. Erst danach sagt der gerechte Hiob, ein *Zadik* (Gerechter): »Ich verabscheue mich selbst und tue Buße in Staub und Asche.«
Es ist schade, daß wir, die wir doch behaupten, an das Buch der Bücher zu glauben, dieses Buch so oft bequem so interpretieren, daß es unserer eigenen Ansicht und Philosophie paßt. Gott sah die gewaltige Macht der Vorurteile und des Antisemitismus wie eine Wolke in den Herzen und im Verstand vieler Europäer am Anfang unseres Jahrhunderts aufkommen. In seiner Liebe und Barmherzigkeit zu Seinem Volk begann er einen Ausweg für sie vorzubereiten: Israel. Er berührte das Herz von Theodor Herzl, der schrieb: »Auf uns Juden wurde noch nicht genügend herumgetrampelt, damit wir glauben, daß unsere einzige Hoffnung die Rückkehr nach Zion ist.« Jabotinsky sagte zu Tausenden und Abertausenden: »Liquidiert die Diaspora, oder die Diaspora wird euch liquidieren.« Aber sein Volk, das Gott durch all diese Männer retten wollte, wollte die Fleischtöpfe Europas nicht verlassen und Gottes eigener Verheißung gehorchen: »Und ich will euch sammeln aus all den Nationen wohin ihr zerstreut seid und will euch zurückbringen in das Land eurer Väter.« Selbst einen politischen Weg hatte er eröffnet, indem er nicht nur die Zionisten sandte, sondern es auch Lord Balfour aufs Herz legte, offiziell das Land Palästina für die jüdische Einwanderung zu öffnen.
Aber Jabotinsky starb verarmt in New York. Theodor Herzl fühlte sich so sehr abgelehnt, daß er in sein Tagebuch schrieb: »Ich habe das Recht, der größte Antisemit in der Welt zu werden.« Und er starb einen frühen Tod.
Die Menschen, die diese Botschafter der Liebe Gottes verlacht hatten, die sie aufgefordert hatten, nach Zion hinaufzuziehen, kamen im Holocaust ums Leben. Ihr Gott, der ihr Volk durch einen Jeremia vor der Invasion des Nebukadnezar gewarnt hat; und durch Jesus vor dem römischen Holocaust unter Titus; und durch die feurigen Zionisten vor der schrecklichen, grauenerregenden Endlösung Hitlers, und der durch Balfour den Fluchtweg geöffnet hatte, wird immer noch in Frage gestellt!

Lieber Herr Wiesel, ich bin ein Heide, der von ganzem Herzen daran glaubt, was Sie Juden über Ihren Gott gelehrt haben. Ich glaube, er will Sie und Ihr Volk heim nach Israel bringen, um dann die Welt heimzubringen zu sich selbst, wenn er König über die ganze Welt sein wird in Jerusalem. Ich lebe und bete ernsthaft für diesen Tag. Ich glaube, daß schlußendlich der schnellste Weg zu einer Erlösung dieser Welt nicht der ist, zu versuchen, weiser zu sein als Gott, sondern für den Frieden Jerusalems zu beten. Allein von dieser Stadt wird eines Tages der Impuls ausgehen, der allem Morden und aller Ungerechtigkeit unter den Völkern ein Ende bereiten wird.
Sie können sich alle Mühe geben, Situationen, Individuen, ja selbst Gruppen von Menschen in Boston von Ungerechtigkeit, Unterdrückung oder Tod zu erlösen. Aber wenn Sie sie erlöst haben, in welcher Art von Nationen werden sie dann aufwachsen? Was für Leute werden sie werden? Wie werden sie leben? Werden sie ihre Freiheit von Unterdrükkung dazu benutzen, um wieder andere zu unterdrücken? Werden diejenigen, die Unrecht erlitten haben, dann selbst ungerecht und schädlich und egozentrisch werden?
Dieser Welt kann nicht geholfen werden, wenn man nur um alle Menschenrechte kämpft. Sie wird nur unter der rechtmäßigen Herrschaft des Herrn durch Sein Volk in Jerusalem zu einem friedlichen Paradies der Gerechtigkeit werden. Nach all dem Leid, das Sie durchgemacht haben, ziehen Sie noch immer New York Jerusalem vor. Als Heide, der mit brennendem Glauben, verbunden mit dem Geschick Ihrer Stadt und Ihres Volkes, in Jerusalem lebt, frage ich mich: Warum?
Was wird die Juden heimbringen, um so zu einem Kanal des Segens für die Welt zu werden? Neue Ausbrüche des Antisemitismus? Wenn Sie an Gottes Stelle wären – voller Liebe und Fürsorge – und wollten die Juden aus Amerika und all den anderen Ländern heimholen, um so diese traurige, zerrissene Welt zu heilen, wie würden Sie es tun?
Sie haben einen »goldenen« Mund. Die Hand Gottes ist über Ihnen. Wie würden Sie Ihr jüdisches Volk davon über-

zeugen, nach Hause zu kommen? Werden Sie erfolgreich sein nach all dem Leid, das sie in ihrer Geschichte erfahren haben, nach all den Verheißungen Gottes, sie in das Land ihrer Väter zurückzubringen, nach all den Jahrhunderten der Gebete am Sederabend: »LaSchana haBa'a beYeruschalayim?« Mit all diesen biblischen Anreizen in Ihrer Hand, mit Ihren außerordentlichen Begabungen, könnten Sie Ihr Volk als Gottes Instrument erfolgreich dazu bringen, zu verstehen, daß diese Welt niemals wieder zu dem Ort werden wird, zu dem sie eigentlich geschaffen worden war – ohne daß die Juden hinaufgehen nach Jerusalem, um sich dort Gott als Nation zur Verfügung zu stellen, durch die er die Welt heilen kann?

Erzwingen wir den Antisemitismus, so furchtbar er ist, als den einzigen Ausweg Gottes, uns zu überzeugen? Ich hoffe nicht.

Bitte, verzeihen Sie mir, wenn mein Schreiben in irgendeiner Weise zu didaktisch war. Es ist ganz sicherlich nicht, weil es mir an Hochachtung Ihnen gegenüber fehlt. Vielmehr meine ich, in Ihnen einen Mann gefunden zu haben, dem ich diese Gedanken anvertrauen kann.

Mit Hochachtung und Freundschaft.

Hätte das jüdische Volk den modernen zionistischen Propheten wie Ze'ev Jabotinsky, Max Nordau und Theodor Herzl geglaubt, die sie gewarnt hatten, aus Europa zu fliehen und nach Eretz Israel, ihr Land, zurückzukehren, dann wäre keiner von ihnen im Holocaust ums Leben gekommen.

Das einzige Land in der Region, das Hitler oder die Achsenmächte niemals berühren konnten, war Palästina. Hitlers Streitkräfte kamen bis Alamein in der Nähe von Alexandrien in Ägypten und bis zum Balkan. Aber sie konnten nie in das Heilige Land eindringen. Dieses Land war während des Zweiten Weltkrieges einer der sichersten

Zufluchtsorte. Hätten sie auf den Ruf der Zionisten gehört und die Zeichen des modernen Kyrus, Lord Balfour – der durch seine Erklärung den Juden die Tür für die Besiedlung von Eretz Israel und die Errichtung einer nationalen Heimstätte geöffnet hatte –, gesehen, und wären sie gegangen, wären die Juden in Europa nicht unter den Nazis vernichtet worden.

3. Frühe christliche Zionisten

Bisher haben wir das furchtbare Versagen eines großen Teiles der Christenheit im Laufe der Jahrhunderte wahrheitsgemäß aufgezeigt. Im folgenden sollen einige derjenigen Christen erwähnt werden, die im ernsthaften und tiefen Glauben die Heilige Schrift ernstnahmen. Sie waren sich bewußt, daß es für diese Erde ohne die Rückkehr der Juden in das Land, das Gott ihnen als ewigen Besitz verheißen hatte, keine wirkliche Erlösung geben wird.

Solche Christen fand man auf dem Festland Europas, in Großbritannien, in den Vereinigten Staaten und anderswo. Sie waren fest davon überzeugt, daß es der Wille Gottes ist, daß das jüdische Volk in sein Land zurückkehrt. Außerdem waren sie bereit, als Werkzeuge in Gottes Hand daran mitzuarbeiten. Zu diesen frühen christlichen Zionisten zählten Männer wie REV. WILLIAM HECHLER, der Freund DR. THEODOR HERZLS, LORD SHAFTESBURY, der LORD BALFOUR beeinflußt hat, CAPTAIN ORDE WINGATE, der mithalf, die jüdischen Verteidigungsstreitkräfte der Hagana in ihren frühen Stadien mitzuprägen, die holländische Familie TEN BOOM, RAOUL WALLENBERG, und viele andere. FRANS KOBLER zählt in seinem Buch »The Vision Was There« (»Die Vision war da«) viele Namen auf, ebenso MICHAEL PRAGER in »Faith and Fulfillment« (»Glaube und Erfüllung«).

Selbst der jüdisch-englische Historiker LEONARD STEIN gibt in seinem Buch »The Balfour Declaration« zu:

> Die eigentliche Kraft hinter der Bewegung für die Wiederherstellung der Juden in Palästina war die »Religionspartei« ... eine Körperschaft von hingegebenen und hochgesinnten englischen Christen. Sie sahen die Gärung im Osten und glaubten, daß dies die Zeit für die Erfüllung der Prophetien durch die Rückkehr des auserwählten Volkes in das Heilige Land sei, und daß es Gottes Wille sei, daß die britische Nation ein Werkzeug zur Erreichung dieses seines Zieles sein solle.[135]

CLAUDE DUVERNOY, ein französischer Theologe, der in Israel lebt, schrieb in »The Prince and the Prophet« (»Der Fürst und der Prophet«) über den britischen Premierminister PALMERSTON:

> PALMERSTON ging nicht leichtfertig mit der Bibel um. Einer seiner engsten Freunde, LORD SHAFTESBURY (der selbst von dem berühmten »Zionisten« Pastor MAC-CAUL stark beeinflußt war), hatte keine Schwierigkeiten, ihn davon zu überzeugen, daß die messianische Zeit für Israel am reifen sei: Großbritannien ... sollte die einzigartige Gelegenheit ergreifen und dem göttlichen Willen, der die Geschichte bestimmt, Folge leisten. »Ich werde segnen, die dich segnen« (1. MOSE 12,3). SHAFTESBURY erinnerte seinen Freund, den Premierminister, daß diese Verheißung, die allen Freunden Abrahams gegeben worden war, noch immer gültig sei.[136]

PALMERSTON schrieb infolgedessen am 22. Januar 1839 die folgenden Worte an die britische Königin:

> Möge es während Eurer Herrschaft sein, daß entsprechend der Hoffnung dieses einzigartigen Volkes, die jetzt Eurer Majestät vorgelegt wird, »Juda erlöst wird und Israel in Frieden wohnt«.[137]

Das Memorandum, das PALMERSTON beilegte, hatte die Generalversammlung der Kirche von Schottland verfaßt und an alle europäischen Monarchen versandt, nachdem sie ein Komitee zu Nachforschungen nach Palästina gesandt hatte. Unter anderem stand dort:

> ... was die Wiederherstellung des jüdischen Volkes im Land Palästina betrifft ... sind wir von der Wahrheit überzeugt, daß die göttliche Verheißung all denen himmlischen Segen verspricht, die dem Volk Gottes in der gegenwärtigen Notlage zu Hilfe eilen ... [138]

Auch in Amerika gab es viele so gesinnte Christen, wie DUVERNOY schreibt:

> In den Vereinigten Staaten, wo der puritanische Einfluß mächtig wirkt, wurde die Neigung zum Zionismus auf amerikanische Art und Weise sichtbar, d. h. praktisch und in der Form von Petitionen. Der zweite Präsident, JOHN ADAMS, setzte ein Beispiel und erklärte: »Ich wünsche ernsthaft, zu sehen, wie sich die Juden wieder in Juda ansiedeln und eine unabhängige Nation bilden.« Gegen Ende des letzten Jahrhunderts wurde dann Präsident HARRISON eine Bittschrift von der »Konferenz für Christen und Juden« überreicht, die auf dem Berliner Kongreß einen »zweiten Erlaß des Kyrus« verlangte.[139]

Präsident dieser Organisation für Christen und Juden war W. E. BLACKSTONE, ein Jurist und Theologe.

> Die Juden haben dieses Land nie aus freiem Willen verlassen und sie haben keinerlei Kapitulationsabkommen unterzeichnet. Vielmehr haben sie sich in einer verzweifelten Schlacht der niederschmetternden Macht Roms gebeugt ... sie wurden als Sklaven verkauft ... Seither hatten sie weder eine souveräne noch politische Repräsentation. Durch ihre Schriften, ihren Glauben und ihre Gebete for-

dern sie ihr Mutterland zurück ... Die Gewaltanwendung, durch die Israel aus seinem Land ohne Einspruchsrecht ferngehalten wurde, gleicht im Prinzip einem dauerhaften Konflikt ... kein Bittgesuch kann diese Situation verändern, bis Israel die Gelegenheit haben wird, seine Forderungen vor der einen und einzigen kompetenten Autorität, einer Internationalen Konferenz, vorzubringen.

Deshalb äußert sich die zionistische protestantische Bewegung, die in den Ländern der Reformation fest etabliert ist, bereitwillig auf politischer Ebene und wird sich auch in andere europäische Länder ausbreiten.

Im ersten Drittel des 17. Jahrhunderts brachte der hugenottische Theologe, Zionist und Humanist ISAAC DE LA PEYRERE die zionistische Idee durch einen Appell an den französischen König nach Frankreich, wobei er die Rückkehr der Juden in das verheißene Land im Blick hatte.[140]

PAUL GRATTAN GUINNESS schreibt:

Getrieben von humanitären Motiven gründete HENRI DUNANT aus Genf, einer der Gründer der Weltallianz des Christlichen Vereins Junger Männer (1855) und Gründer des Internationalen Roten Kreuzes (1864) eine *Société Nationale Universelle pour le Renouvellement de l'Orient*, die 1866 einen Aufruf veröffentlichte, der den Vorschlag enthielt, die wachsenden jüdischen Kolonien in Palästina, wie die Schweiz diplomatisch zu neutralisieren.

Die Veröffentlichung von GEORGE ELIOT »Daniel Deronda« im Jahr 1876 war ein Meilenstein auf dem Wege christlich-jüdischer zionistischer Bestrebungen. An das jüdische Volk gerichtet, offenbart DANIEL DERONDA am Ende ihrer langen, kreativen literarischen Karriere ihre Überzeugung, daß die Wiederherstellung des jüdischen Volkes mit seiner Wiedergeburt identisch ist. Sie war überzeugt, daß »die Regenerierung des jüdischen Volkes das große göttliche Geheimnis der Weltgeschichte ist.« Allerdings müsse das Wunder in Israels Seele bewirkt werden.[141]

In der Biographie ihres Onkels Lord Balfour schreibt Blanche Dugdale:

Sein ganzes Leben lang hatte er ein Interesse an den Juden und ihrer Geschichte. Dieses Interesse hatte seinen Ursprung in der alttestamentlichen Unterweisung seiner Mutter und seinen schottischen Wurzeln. Mit dem Alter wuchs auch seine Bewunderung und Sympathie für gewisse Aspekte der jüdischen Philosophie und Kultur. Das Problem der Juden in der modernen Welt schien ihm von unermeßlichem Gewicht. Immer sprach er eifrig davon, und ich erinnere mich, mir in meiner Kindheit die Vorstellung zu eigen gemacht zu haben, daß die christliche Religion und Zivilisation dem Judentum eine unermeßliche Schuld zolle. Balfour, ähnlich wie das Judentum, sah die Menschheitsgeschichte als Instrument zur Erfüllung göttlicher Zwecke. Niemals vergaß er seine erste Begegnung mit Weizmann. Dabei war ihm klargeworden, daß die Form des jüdischen Patriotismus einzigartig ist. Das Gespräch überzeugte ihn, daß die Geschichte deshalb nicht ignoriert werden könne. Falls eine Heimstätte für das jüdische Volk nach nunmehr neunzehn Jahrhunderten der Heimatlosigkeit gefunden werden könne, sei es vergeblich, irgendwo anders, als in Palästina danach zu suchen.
In dieser Überzeugung, die dazu führte, daß er eine Hauptrolle in der Entstehung der *Balfour Declaration* spielte, wankte er niemals. Seine Standhaftigkeit wurde in einer Äußerung vor einer zionistischen Delegation in Washington im Januar 1922 sichtbar:
»Mein Standpunkt von 1917 ist auch heute mein Standpunkt. Was ich damals gehofft habe, hoffe ich noch immer. Die Ideale, die ich damals anstrebte, strebe ich auch in diesem Augenblick an. Mein Interesse an dieser Sache, mein Glaube an ihren schließlichen Erfolg, mein intensives Verlangen, das Ideal von einer jüdischen Heimstätte in eine großartige Realität verwandelt zu sehen, haben nicht abgenommen oder irgendeine Abkühlung während der Jahre erfahren, die seit der ursprünglichen Erklärung vergangen sind.«[142]

Ein anderer christlicher Zionist war der oben erwähnte WILLIAM HECHLER, ein Freund des Gründers des modernen Staates Israel, DR. THEODOR HERZL. HECHLER konnte durch seine Kontakte zum Großherzog FRIEDRICH VON BADEN sowohl die Idee des Zionismus als auch ihren Vertreter, DR. HERZL, dem deutschen KAISER WILHELM vorstellen. Frau HANNA BODENHEIMER, die Tochter des berühmten deutschen Juden und zionistischen Führers DR. MAX BODENHEIMER, schrieb in einem Grußwort an den Christlichen Zionistenkongreß 1988 in Jerusalem:

> HECHLER war die treibende Kraft, die HERZL an den Hof des GROSSHERZOGS FRIEDRICH in Karlsruhe brachte. Gemeinsam mit dem Großherzog planten sie dann ein Treffen HERZLS mit dem deutschen Kaiser. Das Zusammentreffen HERZLS mit dem Kaiser war für die politischen Anfänge des Zionismus entscheidend. (Zu jener Zeit war der Kaiser der mächtigste Herrscher der Welt und das türkische Reich befand sich in einem Zustand der Auflösung.) Durch den Einfluß HECHLERS wurde der Großherzog von Baden zu einem glühenden christlichen Zionisten. Als der Großherzog ihm die Frage stellte, was er für die Sache tun könne, antwortete HECHLER, daß der Großherzog, weil er König Wilhelm von Preussen zum deutschen Kaiser ausgerufen habe, Teil haben werde an der Wiederherstellung des Staates Israel. Ein Beispiel für HECHLERS Traum, den er ein Leben lang beharrlich verfolgte, sind die folgenden Worte, die er anläßlich seines 70. Geburtstags an den Großherzog schrieb: »Nach der Bibel müssen die Juden nach Palästina zurückkehren. Deshalb unterstütze ich als Christ diese Bewegung in vollkommenem Glauben an die Wahrheit der Bibel. Denn dies ist die Sache Gottes.«[143]

Auch in Holland gab es glühende Verehrer des jüdischen Volkes. Holland war es, das seine Türen für die Juden geöffnet hatte, nachdem sie aus Spanien und Portugal vertrieben worden waren. Es erscheint eigenartig zutreffend – im Hinblick auf Gottes Verheißung, diejenigen zu segnen, die sein Volk segnen –, daß Holland bald darauf in sein Goldenes Zeitalter mit so berühmten Malern wie REMBRANDT, FRANS HALS, STEEN und anderen eintrat.

CORRIE TEN BOOM, die heute in christlichen Kreisen in der ganzen Welt bekannt ist, kam aus einer solchen Familie. Ihr Großvater begann einen Gebetskreis in ihrem Haus in der Barteljoris Straße für die Wiederherstellung des jüdischen Volkes. In eben diesem Haus, in dem die Familie TEN BOOM über 100 Jahre lang für das jüdische Volk gebetet hatte, fanden dann während der deutschen Besatzung Hollands 18 holländische Juden eine »Zuflucht«.
CORRIE, ihr Vater und ihre Schwester wurden von den Nazis gefangen. Der alte Vater TEN BOOM wurde verhaftet und starb im Gefängnis in Scheveningen. Corries Schwester starb im Konzentrationslager Ravensbrück. Aber CORRIE TEN BOOM blieb am Leben und kehrte zurück, um der Welt ihre Geschichte zu erzählen. Natürlich gab es viele solcher christlicher Familien in ganz Europa, die den Gott Israels und den Herrn kannten und liebten, und deshalb auch sein Volk liebten.

Meine eigene Frau, eine Araberin, hörte in ihrer Jugend (nachdem sie im Haß und in der Verachtung gegenüber Juden aufgezogen worden war und ihr eingeschärft worden war, niemals eine jüdische Freundin zu haben) wie der Herr durch Seinen Geist zu ihrem Herzen sprach: »Du kannst mich nicht lieben und mein Volk hassen.«

Es war wie ein Blitz aus heiterem Himmel, vollkommen gegen die Mentalität ihrer eigenen Erziehung, aber sie entschied sich, ihrem Herrn zu gehorchen und ist heute eine der mutigsten christlichen Araberinnen, die ich kenne, die darum kämpft, eine liebevolle Einstellung für Gottes Volk, die Juden, voranzutreiben.

Diese Ausführungen genügen, um zu zeigen, daß neben der entsetzlich beschämenden Geschichte des Verhältnisses der Kirche mit dem jüdischen Volk auch Christen standen, die den Herrn liebten und seinem Wort genügend Glauben schenkten, um sein Volk zu lieben, über das die Schrift sagt: » ... Wer euch antastet, der tastet meinen Augapfel an« (SACHARJA 2,12).

4. Die jüdischen Zionisten

Was aber ist mit den jüdischen Zionisten? Wenn die Rückkehr der Juden, wie sie so oft durch die ganze Schrift hindurch verheißen wird, für Gottes Ziele mit dieser Welt so wichtig ist, wer waren dann diese Männer und Frauen, die Gott in seiner Gnade und Barmherzigkeit dazu benutzt hat, um dieses Wunder der modernen Zeit herbeizuführen?

Wer waren diejenigen, die vorangingen in dem Wunder der Heimkehr der Juden, der Wiedereroberung des unfruchtbaren, malariaverseuchten Landes, der Wiederbelebung ihrer alten hebräischen Sprache? Wer waren diese Menschen? Waren sie sich dessen bewußt, daß sie selbst Werkzeuge in der Hand Gottes waren, zu einem größeren Zweck bestimmt, als sie selbst ergründen konnten?

Die wichtigsten dieser Herolde und Gründer des jüdischen Staates waren DR. THEODOR HERZL, der Gründer des modernen Zionismus, ZE'EV JABOTINSKY, DR. MAX NORDAU, ELIEZER BEN YEHUDA, der Schöpfer des modernen Hebräisch, CHAIM WEIZMANN, DAVID BEN GURION, GOLDA MEIR und MENACHEM BEGIN, um nur einige zu erwähnen.

Am Anfang seines Tagebuches schrieb THEODOR HERZL, der 1860 in Budapest geboren worden war und zu jener Zeit als Journalist für eine von Wiens größten Tageszeitungen arbeitete, diese erstaunlichen Worte – als ob ihn, ohne selbst zu wissen, was ihn wirklich trieb, jemand für sein Volk zu dieser folgenschweren Schicksalsstunde herausgerufen hätte:

> »Ich arbeite seit einiger Zeit an einem Werk, das von unendlicher Größe ist. Ich weiß heute nicht, ob ich es ausführen werde. Es sieht aus wie ein mächtiger Traum. Aber seit Tagen und Wochen füllt es mich aus bis in die Bewußtlosigkeit hinein, begleitet mich überallhin, schwebt über meinen gewöhnlichen Gesprächen, blickt mir über die Schulter in die komisch kleine Journalistenarbeit, stört mich und berauscht mich. Was daraus wird, ist jetzt noch nicht zu ahnen. Nur sagt mir meine Erfahrung, daß es merkwürdig ist, schon als Traum, und daß ich es aufschreiben soll – wenn nicht als ein Denkmal für die Menschen, so doch für mein eigenes späteres Ergötzen oder Sinnen ... Titel: ›Das Gelobte Land!‹« (Tagebücher, Bd. 1, S. 3).

Im Juni 1895 schrieb er:

> »Ich habe in diesen Tagen öfters befürchtet, irrsinnig zu werden, so jagten die Gedankenzüge erschütternd durch meine Seele. Ein ganzes Leben wird nicht ausreichen, alles auszuführen. Aber ich hinterlasse ein geistiges Vermächtnis. Wem? Allen Menschen...« (Tagebücher, Bd. 1, S. 115).[144]

Selbst wenn Dr. Theodor Herzl nicht gläubig oder in irgendeinem Sinne des Wortes ein orthodoxer Jude war, fühlte er sich dennoch getrieben – praktisch von einer äußeren Kraft gezwungen, zu schreiben und für das jüdische Volk zu handeln. In diesem Sinne war er ein Instrument für die Ziele Gottes mit seinem Volk.

Dies trifft für die meisten jüdischen Zionisten zu – sie waren nicht (im engeren Sinne) religiöse Juden.Doch brannte in ihnen ein Feuer, das sie antrieb, so über die Notwendigkeit der Rückkehr der europäischen Juden in ihr

Land zu sprechen, daß sie zu Zeiten sogar prophetisch sprachen.

»Liquidiert die Diaspora oder die Diaspora wird euch eines Tages liquidieren,« warnte ZE'EV JABOTINSKY.

»Ein Drittel von euch wird ausgelöscht werden. Ein Drittel wird assimiliert werden, und ein Drittel wird gerettet werden, indem es nach Palästina zurückkehrt,« sind Worte, die DR. MAX NORDAU zugeschrieben werden.

In seinem Buch über THEODOR HERZL berichtet AMOS ELON, wie HERZL kurz vor seinem Tod REUBEN BRAININ erzählt hatte, daß ihm im Alter von ungefähr 12 Jahren der Messias im Traum erschienen sei (er hatte den Traum vorher noch niemandem erzählt):

> »Er nahm mich auf seine Arme und entschwebte mit mir auf Windesflügeln. Auf einer der glanzerfüllten Wolken begegneten wir der Mosesgestalt. Die Gesichtszüge waren die des Moses von Michelangelo, den ich in meiner Kindheit oft und gern betrachtete. Der Messias rief Moses zu: ›Um dieses Kind habe ich gebetet.‹ Zu mir aber sagte er: ›Geh, verkünde den Juden, ich werde bald kommen und Wunder und Großtaten vollführen für mein Volk und die ganze Welt‹« (Amos Elon, *Morgen in Jerusalem.* THEODOR HERZL, S. 22).[145]

Prophetisch inspiriert schrieb THEODOR HERZL am Ende seines denkwürdigen Buches »Der Judenstaat« die folgenden Worte:

> Man wird in den Tempeln beten für das Gelingen des Werkes. Aber in den Kirchen auch! Es ist die Lösung eines alten Druckes, unter dem alle litten.[146]

Viele seiner jüdischen Zeitgenossen glaubten nicht an die Reinheit seiner Motive und seiner Vision. Oftmals wurde er verächtlich zurückgewiesen und schlechtgemacht. Doch allem zum Trotz, seiner Vision gewiß – getrieben von einer Kraft, die außerhalb seiner selbst lag – fuhr er fort und schrieb nach dem ersten Zionistenkongreß in Basel in sein Tagebuch: »Fasse ich den Baseler Kongreß in ein Wort zusammen – das ich mich hüten werde, öffentlich auszusprechen –, so ist es dieses: In Basel habe ich den Judenstaat gegründet. Wenn ich das heute laut sagte, würde mir ein universelles Gelächter antworten. Vielleicht in fünf Jahren, jedenfalls in 50 wird es jeder einsehen.«[147]

Genau 50 Jahre, nachdem er diese Worte geschrieben hatte, proklamierte ein weißhaariger DAVID BEN GURION im Jahre 1948 in Tel Aviv die Geburt des neuen Staates Israel.

Wenige Jahre vor seinem Tod hatte HERZL geschrieben: »Gott zerbricht die Werkzeuge, die seinen Zielen gedient haben ... noch nie hat ein MOSE das verheißene Land betreten.«[148]

DR. MAX NORDAU, einer der Zionistenführer, der beim ersten Zionistenkongreß in der Kasinohalle in Basel zugegen gewesen war, sagte:

> Es schien, als würden wir Zeugen eines Wunders, das uns selbst und die um uns herum betraf. Wir fühlten uns als Teil und eingebunden in ein Märchen, in dem wir unsere Brüder, die seit Tausenden von Jahren begraben waren, wieder Fleisch und Blut werden sahen. In der Freude dieser Wiedervereinigung wollten wir die traurige Geschichte der Hunderte von Jahren, in denen wir tot in unseren Gräbern gelegen haben, wiederholen ... [149]

Wie sehr erinnern diese Worte an die Vision, die HESEKIEL vor Hunderten von Jahren sah, als Gott sagte: »Siehe, ich will eure Gräber auftun und hole euch, mein

Volk, aus euren Gräbern herauf und bringe euch ins Land Israels« (HESEKIEL 37, 12).

JOSEF FRAENKEL beschließt seine Biographie über THEODOR HERZL mit den folgenden wunderschönen Worten:

> Als HERZL noch immer auf einen Erfolg in El-Arish hoffte, wollte er dorthin auswandern – aber kein MOSE erreicht je das verheißene Land. Nach Ägyptens hartnäckiger Weigerung, Nilwasser zu geben, wußte HERZL, daß er außerhalb des Landes sterben werde und bestellte eine Familiengruft auf dem Doebling-Friedhof in Wien, wo er ruhen sollte, bis das jüdische Volk seine Gebeine nach Palästina überführen könne. Als Vollstrecker seines letzten Willens bestimmte er neben DAVID WOLFSOHN und dem Ingenieur JOHANN KREMENETSKY seinen Londoner Freund JOSEPH COVEN. Als er starb schrieb ZANGWILL: »Nicht gestorben – weil unsterblich«, und sandte folgendes Gedicht an HERZLS Zeitung »Die Welt«:
>
> Theodor Herzl
>
> Farewell, o Prince, farewell o sorely-tried!
> You dreamed a dream and you have paid the cost:
> To save a people leaders must be lost,
> By friends and foes alike be crucified.
>
> Yet 'tis your body only that has died.
> The noblest soul in Judah is not dust
> But fire that works in every vein – and must
> Re-shape our life, re-kindling Israel's pride.
>
> So we behold the captain of our strife:
> Triumphant in this moment of eclipse;
> Death has but fixed him in immortal life,
> His flag upheld, the trumpet at his lips.

And while we, weeping, rend our garment's hem,
»Next year« we cry, »next year, Jerusalem.«

Kingsdown, July 4th 1904. Israel Zangwill

Fahr wohl, mein Fürst, fahr wohl, du Held der Qual!
Du träumtest einen Traum und zahltest den Tribut.
Ein Volk erlöst allein der Führer Blut:
So Gunst wie Hass schleppt sie zum Marterpfahl.

Dein Leib nur war's, der zog ins dunkle Tal.
Der hehrste Geist in Juda wurde Glut,
Die brennt in uns, entflammt zum heilgen Mut,
Der uns verjüngt und uns erlöst einmal.

So sehen wir dich, Feldherr, vor uns stehn:
Ein stolzer Sieger noch im Untergehn,
Die Fahne hoch, das Kampfhorn rufbereit:

Dich krönt der Tod mit ew'gem Diadem.
Wir aber schrei'n inbrünstig auf im Leid:
Im nächsten Jahre in Jerusalem!

(Übertragen von Berthold Feiwel)

Am Rande des Grabes des Schöpfers des modernen Zionismus wiederholte David Wolfsohn den Eid, den Herzl auf dem Zionistenkongreß geschworen hatte: »Wenn ich dein vergesse, Jerusalem, verdorre meine Rechte!«
Und auf dem siebten Zionistenkongreß – dem ersten Kongreß ohne Herzl – erklärte sein Nachfolger: »Ich schwor diesen Eid während der dunkelsten Stunde unserer Trübsal am Rande von Herzls Grab. Ich schwor ihn für euch alle, für alle Zionisten. Wir werden ihn wiederholen und immer Jerusalems gedenken und Zion niemals vergessen, aber auch Herzl niemals vergessen.«[150]

Vielleicht einer der bemerkenswertesten Zionisten war Ze'ev Jabotinsky, ein erstklassiger Redner. Er sprach mehrere Sprachen fließend, konnte sich aber in ungefähr 15 Sprachen verständigen, und beschwor einige Zeit vor dem Holocaust die Juden in ganz Europa und anderen Teilen der Welt, heimzukehren.

In den jüdischen Gemeinden gab es viel Unmut über diesen feurigen »Prediger« und seine Botschaft der Rückkehr nach Zion – viele Juden waren nicht bereit, diese Botschaft aufzunehmen. Nach dem Holocaust wußten allerdings viele der Überlebenden, daß Jabotinsky mit seinen leidenschaftlichen Bitten recht gehabt hatte – die einzige sichere Heimat war für alle Juden schlußendlich nur das Land, das ihnen von Gott gegeben worden war.

> Colonel Patterson, ein früher christlicher Zionist aus Irland, war ein enger Freund Ze'ev Jabotinskys und half ihm, während sie gemeinsam in Ägypten waren, eine jüdische Legion aufzubauen. Zeitweise reiste Patterson gemeinsam mit Jabotinsky und unterstützte ihn in seiner Vision und seiner Arbeit mit seinem tiefen, in der Bibel gegründeten Glauben. Erstaunlicherweise war Patterson ein Freund und eine Ermutigung für Ze'ev Jabotinsky, genau wie William Hechler Theodor Herzl unterstützte.

In Samuel Katz' Biographie über Jabotinsky wird der zionistische Redner als warmherziger, selbstloser und tief verwurzelter Familienvater beschrieben, mit Gemüt und einem weiten Herzen für sein Volk im allgemeinen, wie auch für den einzelnen Menschen.

In seiner Eröffnungsrede auf der Gründungskonferenz der Neuen Zionistischen Organisation im Herbst 1935 sagte Ze'ev Jabotinsky:

Diese Sache (der Beziehung zwischen dem jüdischen Staat und dem Judentum) hebt den Staat, der für uns mit der Nation identisch ist, so daß die immerwährende Flamme nicht erlischt, so daß die Stimme der Propheten auch weiterhin gehört wird als eine lebendige Stimme im Leben unserer Gesellschaft, so daß die Wirkung, die zweifellos die reinste von allen Einflüssen darstellt, nämlich der Geist des Herrn, bewahrt wird – inmitten der Verwirrung unzähliger Einwirkungen, die auf die Jugend in unseren Tagen einstürmen und sie oftmals verführen und verderben.[151]

Aber jeder normale Jude wurde durch alle Jahrhunderte hindurch in seinen Gebeten an diese Hoffnung, daß sie eines Tages nach Zion zurückkehren werden, erinnert.
DUVERNOY schreibt:

Es ist eine bewegende Erfahrung, durch das (jüdische) Gebetbuch der Synagoge hindurch Israels Sehnsucht nach Jerusalem und Zion zu verfolgen.
Allein im Morgengebet bittet der fromme Jude den Herrn zehn Mal um die Rückkehr nach Zion, den Wiederaufbau des Tempels und des verheißenen Landes und um die letzte Erlösung:
»O laß uns zurückkehren in Frieden von den vier Enden der Erde in unser eigenes Land, denn du bist der Gott, der die Erlösung bewirkt ... Fels Israels, erhebe dich zur Hilfe Israels und befreie nach deiner Verheißung Juda und Israel! ... Laß die Posaune erschallen zu unserer Befreiung und erhebe das Banner zur Sammlung der Verbannten und bringe du selbst uns wieder zusammen von den vier Enden der Welt. Gelobt seist du, o Herr, der du die Zerstreuten deines Volkes Israel sammelst und befreist ... Gelobt seist du, o Herr, der du Zion tröstest und Jerusalem wieder aufbaust ... Laß den Sproß Davids, deines Knechtes, bald aufgehen und mache seine Macht groß mit deiner Erlösung ... Stelle den Gottesdienst wieder her für das Heiligtum deines Hauses ...« [152]

Wen bewegt diese Sehnsucht nicht, die zu allen Zeiten in wunderbaren Gebeten und in dem jährlich wiederholten Gebetswunsch, der bei jedem Passamahl in der ganzen Welt durch alle jüdischen Generationen hindurch gesprochen wird, seinen Ausdruck findet: *»Laschana Haba'a be Yerushalayim«* (»Nächstes Jahr in Jerusalem!«) – Immer wieder wiederholt, bis hin zu den Schwellen der Gaskammern!

Dieses Gebet beantwortet Gott jetzt vor unseren Augen nach seiner eigenen Verheißung, daß ein Tag – »eine bestimmte Zeit, Zion Gunst zu erweisen« – kommen werde, und daß er sein Volk aus ihrer langen und weiten Zerstreuung zurückbringen werde, aus all den Ländern, wohin sie zerstreut waren, zurück in ihr eigenes Land.

Dieses Gebet beteten Juden seit den Tagen ihrer Gefangenschaft in Babylon bis zum heutigen Tag, soweit sie sich noch immer im Exil befinden. Es trägt das Siegel von Gottes Zustimmung. Denn er hat nicht nur immer wieder verheißen, sie heimzubringen, sondern er hat diesen Wunsch auch dadurch geheiligt, daß er ihn Teil Seines Wortes werden ließ:

> »An den Wassern zu Babel saßen wir und weinten, wenn wir an Zion gedachten ... Wie könnten wir des Herrn Lied singen in fremdem Lande? Vergesse ich dich, Jerusalem, so verdorre meine Rechte. Meine Zunge soll an meinem Gaumen kleben, wenn ich deiner nicht gedenke, wenn ich nicht lasse Jerusalem meine höchste Freude sein« (PSALM 137, 1.4-6).

Die Worte PEGGY MANNS über die junge GOLDA MEIR und ihren Mann beschreiben dieses intensive Gefühl für Jerusalem auf wunderbare Weise:

> Es war im Frühjahr 1924. Sie zogen nach Jerusalem um, in die Heilige Stadt in den Bergen Judäas ... Seit sie fünf Jahre

alt war, als Schana ihr zum ersten Mal vom Zionismus erzählt hatte, hatte dieses Passagebet für GOLDA [MEIR] eine immer eindringlichere Bedeutung bekommen. Jetzt war sie hier und lebte in der Stadt, die zwanzig Jahrhunderte lang die geistliche Hauptstadt der Juden gewesen war ... Jerusalem.
Sie strahlte all die geheimnisvolle Schönheit aus, die sie sich immer vorgestellt hatte. Ganz besonders beim Sonnenuntergang. Oft ging sie mit Morris über die steinigen Straßen, die in die kargen judäischen Berge hineinführten und sie beobachteten, wie die gelben Kalksteingebäude das Glühen der sinkenden Sonne widerspiegelten und die Stadt in einen goldenen Schein tauchte. Manchmal standen sie da bis der Mond aufging und die Täler in tiefen Schatten versanken, und die Vergangenheit schien die Gegenwart eingeholt zu haben.[153]

Diese Sehnsucht hielt MENACHEM BEGIN am Leben – erst während seiner Leidenszeit im Konzentrationslager Dachau, später, als er in den langen und qualvollen Nächten in der Festung von Lubjanka verhört und gefoltert wurde, und dann noch später, im sowjetischen Konzentrationslager Pechorlag. BEGIN beschreibt auf bewegende Weise, wie er in dieser schrecklichen Hölle des Leides und Elends einen Mitgefangenen namens GARIN traf, einen Mann, der in Ungnade gefallen war, obwohl er Kommunist und ehemaliger stellvertretender Herausgeber der »Pravda« gewesen war:

In dieser Atmosphäre des Gestanks und der Dunkelheit, des Leidens und der Mißhandlung, der Drohungen und des Schreckens, erreichte die Krise des stellvertretenden Herausgebers der »Pravda«, der aus den Höhen der herrschenden Oberschicht in das Reich des *Urki,* in den Einfluß eines Schiffes von hungernden, kranken, gedemütigten und unglücklichen Sklaven, ihren Höhepunkt. GARIN litt noch immer unter den Nächten der Verhöre in Tomsk, unter den

Schlägen der Experten für die besonders hartnäckigen Fälle, unter den Anschlägen auf sein eigenes Leben. Sein Leiden wurde noch dadurch verstärkt, daß er aus dem Krankenhaus hinausgeworfen worden war, trotz seines Fiebers und trotz seiner Herzbeschwerden. Und er litt noch viel mehr jedesmal wenn er das *»zhid«* unter dem sowjetischen Himmel ausgesprochen hörte; unverhüllt, unverschämt, voll von beißendem Spott und Haß, ungestraft und ohne Furcht vor Bestrafung. Dieser gefolterte Mann, dessen gesamte Traumwelt und Bestrebungen unter den Schlägen der Wirklichkeit in sich zusammenbrach, war nicht mehr in der Lage, sich der neuen Prüfung, der Prüfung des *Etap*, zu stellen.
Eines Tages fragte GARIN, der in einigem Abstand von den jüdischen Gefangenen gelegen hatte, ob er neben mir liegen dürfe. Mein Nachbar rückte ein wenig zur Seite. Wir machten ihm Platz. GARIN legte sich neben mich ... Eines Tages – es könnte auch in der Nacht gewesen sein – weckte mich GARINS Stimme aus dem Stadium des Halbschlafs, in dem wir uns wegen der Dunkelheit, des Hungers, der Schwachheit und des Gestanks dauernd befanden.
»Menachem! Menachem!« rief er flüsternd.
Es war das erste Mal, daß er mich so persönlich ansprach, ohne meinen Nachnamen zu benutzen. »Kennst du das Lied ›*Loshuv*‹.« Es war das erste Mal, daß er mich in Jiddisch anredete.
»Welches Lied?«, fragte ich, ebenfalls in Jiddisch. Er hatte gesagt *»Loshuv«*, und ich hatte ihn zuerst nicht verstanden, vielleicht wegen seiner Aussprache, oder vielleicht auch, weil ich noch immer halb schlief.
»Wie kann das sein, daß du es nicht kennst?« fragte er ziemlich ärgerlich. »Es ist doch das Lied, das die Zionisten singen. Das Lied haben die Zionisten in Odessa gesungen, als ich noch ein Junge war. *Lo-shuv, Lo-shuv* – du kennst das Lied doch?«
»Ah! Du meinst die *Hatikvah*«, erwiderte ich in seiner Aussprache.
»Vielleicht ist es die *Hatikvah*. Ich kann mich nur an das Wort *Lo-shuv* erinnern.«

»Ja, das ist die *Hatikvah*. Du meinst das Lied, ›*Lashuv Le'Eretz Avotenu*.‹ (Das Lied der Hoffnung auf die Rückkehr in das Land unserer Väter.) Natürlich erinnere ich mich daran.« Gemeinsam mit Marmelstein begann ich die *Hatikvah* zu singen. Drei andere Juden, die in unserer Nähe lagen, fielen mit ein. Wir sangen sie mit der aschkenasischen Aussprache, die Version, die in den Ländern der Zerstreuung geläufig ist. GARIN lauschte still auf die Worte: »Wiederzukehren in das Land, das Land unserer Väter...«
Der *Urki* wachte auf.
»Was singen die Juden da?«
»Sie beten. Sie beten, daß ihnen ihr Gott hilft.«
Ausgelassenes Gelächter von dem *Urki*.
Wir sangen weiter: »Horcht, meine Brüder in den Ländern meiner Wanderschaft... Wiederzukehren in das Land, das Land unserer Väter...«
Der *Urki* hatte recht. Das war ein Gebet, kein Lied.
Ich fühlte mich, als ob ich das Glaubensbekenntnis spräche mit einem Juden, der gleich einem entführten Kind, auf fremden Weiden die Schafe gehütet hatte, und das jetzt an der Schwelle des Todes, nach vielen Leiden zu seinem Volk und zu seinem Glauben zurückfindet. Das Leben bringt tatsächlich Situationen hervor, die phantastischer sind als jede Dichtung. Wir liegen hier, im Tal des Todesschattens, unter dem *Urki*, halb Mensch, halb Tier. Und neben uns liegt GARIN, der ehemalige stellvertretende Herausgeber der »Pravda«, ein Kommunist von frühester Jugend, seinem Volk entfremdet, ein Feind Zions und Verfolger der Zionisten. Wann hat er wohl die Weise der *Hatikvah* das letzte Mal in Odessa gehört? Wann hat er wohl zuletzt über *Loshuv* gespottet? Was hat er nicht unternommen, um die »Hoffnung auf Rückkehr« zu zerstören? Was hat er nicht getan, wozu war er nicht bereit, damit die andere »Hoffnung« angenommen würde! Beinahe fünfundzwanzig Jahre waren vergangen, seit der Traum seines Lebens Wirklichkeit geworden war, seit dem Triumph der Revolution, für die er gelitten hatte, für die er bereit gewesen war, sein Leben zu geben, für die er geschuftet und gekämpft hatte.

Fünfundzwanzig Jahre ... und hier war nun die Belohnung der Revolution für einen, der ihr treu gewesen war, für einen ihrer Kämpfer, ihrer Führer: Verräter – Feind der Menschheit – Spion – Gefängnis in Tomsk – Ausweisung aus dem Krankenhaus – *»zhid«* – Eisen schleppen – *»zhid«* – Etap – Fußtritte – Räuber – *Urki* – Drohungen – eindringliches Flehen an die Räuber – Kartenspiele – Spiele mit Läusen – Parasiten – Ungeziefer – ein krankes Herz – Angst – »zhid«! Und wenn dann die Zeit kommt, nach endlosen Heimsuchungen und Leiden, woran erinnert sich der stellvertretende Herausgeber der »Pravda«, der Generalsekretär der ukrainischen KP? Er erinnert sich an *Loshuv.* »Die Rückkehr in das Land unserer Väter«, das ist sein Trost.

Und vielleicht zum ersten Mal seit sie in Richtung Norden fließt, hörte die Petschora dieses Bekenntnis- und Dankgebet: »Aus der Tiefe rufen wir, Herr, zu dir: ›*Lashuv Le'Eretz Avotenu*‹ (Laß uns zurückkehren in das Land unserer Väter).«[154]

Chaim Weizmanns Familie wandte sich unter dem Eindruck der Pogrome und Judenverfolgungen der Bewegung der »Zionsliebenden« zu, die glaubte, daß das beste Land, in das die Juden zurückkehren könnten, das Land der Verheißung sei.

Ohne Ausnahme kehrte Chaim zu Pessach heim, um dann für einen Teil des Sommers zu Hause zu bleiben. In diesem Jahr schloß er sich seiner Schwester Miriam und ihrer Familie an, so daß sie sechzehn an der Festtafel waren. Wie immer leitete Oser die Pessach-Liturgie, die von Liedern, Weisheitsgeschichten und Humor unterbrochen wurde, um so den *Seder*, wie dieser Abend genannt wird, zu einer Zeit der Fröhlichkeit und Hoffnung, aber nie ohne einen Beigeschmack der Sorge zu machen. Wenn die Kräuter vom alten Familiendiener hereingebracht wurden, aß man das Brot des Elends; wenn sie dann die *Mazzen* brachen, die

ungesäuerten Brote (was zweifellos mit tiefem Mißfallen vom Diener beobachtet wurde, dem doch sicherlich, weil er ein Heide war, gesagt worden war, daß es aus dem Blut eines christlichen Kindes hergestellt worden war), das Manna der Hoffnung, das alle dazu inspirierte zu singen, »Nächstes Jahr in Jerusalem!«
Überall sprachen Millionen von Juden dieses Gebet als einen mechanischen Ritus. Nicht so die WEIZMANNS. Vielleicht nicht buchstäblich nächstes Jahr, aber selbst der jüngste von ihnen wußte, daß er dazu bestimmt war, das verhaßte Rußland und seine Unterdrückung gegen ihre wahre Heimat einzutauschen, die Er ihnen versprochen hatte. Und während sie sich am Tisch entspannten, wurden Neuigkeiten über ihren Bekanntenkreis, der sich bereits in Palästina niedergelassen hatte, ausgetauscht. Dann wurden die Zeitungen herumgereicht: *Hashiloach*, die aus Odessa kam und von Ahad Ha'am herausgegeben wurde, und *Hatzefira*, die in Warschau von dem hebräischen Journalisten NAHUM SOKOLOW produziert wurde, und dann die russisch-sprachige *Vaschod*. Die Familie las die Berichte über Pogrome in einer entfernten Provinz, und die Geschichten von den Kolonien, und keine Ausgabe erschien, ohne einer Rede USSISHKINS großzügig Raum zu geben und über die Überweisungen der Zionsliebenden in diesem Monat zu berichten. Wenn Charkow oder Minsk einen besonders schweren Winter erlebten, wurde das nicht erwähnt. Viel vertrauter berichteten diese Zeitschriften über Orte im Heiligen Land und darüber, ob Jaffa genügend Regen erhalten hatte: eine Mißernte in Palästina wurde als persönlicher Verlust empfunden.[155]

Die Bibel sagte voraus, daß Gott seinem Volk unter den vielen Wundern im Zusammenhang mit seiner Wiederherstellung auch wieder eine reine Sprache geben werde (vgl. ZEFANIA 3,9).

Eines Tages traf ich gemeinsam mit meinem Vater eine der Töchter des großen ELIESER BEN YEHUDA, des Vaters der modernen hebräischen Sprache.

Sie erzählte uns, daß ihr Vater inspiriert worden sei, so, als habe er in seiner Seele eine Stimme vom Himmel gehört, die ihm sagte, er solle sich daranmachen, die alte hebräische Sprache für sein Volk wiederzubeleben. Obwohl er zu jener Zeit nicht bei guter Gesundheit war – er hatte mit Tuberkulose zu kämpfen –, machte er sich mit einer unglaublichen Hartnäckigkeit und Ausdauer daran, diese enorme Lebensaufgabe zu erfüllen und hatte, mit Gottes Hilfe, Erfolg.

Da ELIESER BEN YEHUDA kein orthodoxer oder religiöser Jude war, maß seine Familie der Aufgabe und Mission, die er für sein Volk erfüllen sollte, keine allzu große religiöse Bedeutung bei. Trotzdem offenbarte ELIESER gegen Ende seines Lebens unbefangen die tiefere Motivation und die Quellen seines Lebens. ROBERT SAINT JOHN bezeugt dies in seiner Biographie dieses gigantischen Zionisten:

> Er schloß sich in sein Arbeitszimmer ein und verbrachte seine Zeit mit der Arbeit an seinem Wörterbuch und dem Manuskript für die hebräischen Klassiker. Gelegentlich schrieb er einen Artikel für die Zeitung seines Sohnes, die jetzt das Datum auf zwei verschiedene Weisen angab: So viele Jahre nach der Zerstörung des Tempels und so viele Jahre nach der Herausgabe der Balfour Declaration ... Den Gebetsschal, den ELIESER in seinen früheren Jerusalemer Tagen getragen hatte, als er die Unterstützung der orthodoxen Gruppen gewinnen wollte, trug er nun aus dem einzigen Grund, weil er ihn gern tragen wollte.
> Seine neue Haltung gegenüber seiner alten Religion verwunderte viele Leute. Es gab manche, die dies für eine Pose, einen neuen Trick hielten, und manche zweifelten seine Aufrichtigkeit an.
> Aber einer von BEN-JEHUDAS Freunden brachte eines Tages einen besonders wortreichen Kritiker zum Schweigen, indem er sagte:

»Ich war in der Hurva Synagoge, und zwar an dem Tag, an dem das Ende des dritten Exils offiziell ausgesprochen wurde. Ben-Jehuda war auch da. Ich saß nahe genug bei ihm, um die Tränen über sein Gesicht strömen zu sehen. Ich sehe auch den Ausdruck seiner Augen. Da wußte ich, was ich immer geahnt hatte. Ganz im Innern hat Ben-Jehuda eine tief religiöse Seele. Er hat Aberglauben, Bigotterie und Fanatismus bekämpft, aber das bedeutet nicht, daß er kein guter und demütiger Mensch ist.«
In diesen letzten Tagen seines Lebens begann Ben-Jehuda eine innere Heiterkeit zu entfalten, die alle in seiner Umgebung wahrnahmen.[156]

Einige dieser wunderbaren Abschnitte aus der Geschichte einiger der großen Zionistenführer wurden hier ganz zitiert, um einen Eindruck von den Sorgen und Leiden, aber auch vom oftmals tiefen Glauben und dem Gebet zu vermitteln, aus denen heraus die moderne zionistische Bewegung geboren wurde. Dies wurde auch ganz besonders deshalb getan, weil Leute von verschiedenen politischen und religiösen Hintergründen bis heute immer wieder diese wunderbare, in der Bibel begründete Bewegung als eine unheilvolle, von Menschen initiierte, konspirative politische Bewegung schlechtmachen, die unter keinen Umständen von Gott kommen könne. Nichts ist weiter von der Wahrheit entfernt.

Dieses Kapitel soll mit einem Gebet beschlossen werden, das die Juden in den Synagogen an ihren drei großen Festen – dem Passafest, dem Wochenfest und dem Laubhüttenfest – beten. Dieses Gebet wurde im Laufe der Jahre der Zerstreuung von Millionen Juden gebetet:

Aufgrund unserer Sünden wurden wir aus unserem Land vertrieben und weit von unserer Heimaterde entfernt, so daß wir nicht länger in der Lage sind, hinaufzuziehen, vor Dir zu erscheinen und uns Dir zu unterwerfen ... wegen der gewaltsamen Hand, die an Dein Heiligtum gelegt worden ist ... Offenbare die Herrlichkeit Deiner Majestät und herrsche über uns im Angesicht aller Lebenden. Bringe unsere Versprengten aus den Nationen heran und sammle unsere Verstreuten von den äußersten Enden der Erde. Bringe uns nach Zion, Deine Stadt, im Jubel, und nach Jerusalem, dem Ort Deines Hauses, mit immerwährender Freude.

Und am Sabbat beteten sie:

Denn in Deinen Heiligen Namen, groß und erhaben, setzen wir unser Vertrauen; wir freuen uns in Deinem Heil. Laß uns in Frieden von den vier Enden der Erde zurückkehren in unser eigenes Land, denn der Gott, der Erlösung bewirkt, bist Du ... In Deinem unerschöpflichen Wohlwollen erhalte uns und sammle unsere Verstreuten an Deinen Heiligen Ort, daß sie Deine Gebote beachten und Dir mit reinem Herzen dienen ... O Herr, unser Gott und Gott unserer Väter, möge es Dein Wille sein, den Tempel bald in unseren Tagen wieder zu erbauen, damit wir Dir in Übereinstimmung mit Deinem Willen dienen ... Laß uns jubeln, Herr unser Gott, über das Kommen Deines Propheten ELIA und über die Wiederherstellung des Königreiches DAVIDS, Deines Auserwählten. Möge seine Herrschaft bald die Freude in unseren Herzen wiederherstellen, und laß nicht zu, daß ein Fremder noch länger auf dem Thron DAVIDS sitze und weiterhin seine Herrlichkeit besudele ...

Gott antwortet auf alle diese Gebete, und auch auf die Leiden und Qualen seines Volkes in einer erstaunlichen und doch sanften Weise:

»Der Himmel ist mein Thron und die Erde der Schemel meiner Füße! Was ist denn das für ein Haus, das ihr mir bauen könntet, oder welches ist die Stätte, da ich ruhen sollte? Meine Hand hat alles gemacht, was da ist, spricht der Herr. Ich sehe aber auf den Elenden und auf den, der zerbrochenen Geistes ist und der erzittert vor meinem Wort ... Wer hat solches je gehört? Wer hat solches je gesehen? Ward ein Land an einem Tage geboren? Ist ein Volk auf einmal zur Welt gekommen? Kaum in Wehen, hat Zion schon ihre Kinder geboren. Sollte ich das Kind den Mutterschoß durchbrechen und nicht auch geboren werden lassen? spricht der Herr. Sollte ich, der gebären läßt, den Schoß verschließen? spricht dein Gott. Freuet euch mit Jerusalem und seid fröhlich über die Stadt, alle, die ihr sie liebhabt! Freuet euch mit ihr, alle, die ihr über sie traurig gewesen seid. Denn nun dürft ihr saugen und euch satt trinken an den Brüsten ihres Trostes; denn nun dürft ihr reichlich trinken und euch erfreuen an dem Reichtum ihrer Mutterbrust« (Jesaja 66,1-2.8-11).

Nach beinahe 2000 Jahren des Wartens, des Leidens, der Demütigungen, der Massaker, der unbeschreiblichen Qualen, aber auch der Hoffnung und der Gebete, ist es schließlich geschehen.

Die Juden kehrten zurück von den vier Enden der Erde, vom Norden – von Europa –, vom Süden – von Ägypten, dem Jemen, aus Marokko –, vom Westen und vom Osten, in das Land, das sie all die Jahrhunderte hindurch erwartet hatte. Schließlich war der Tag gekommen, den der Psalmist verkündet hatte: »Du wollest dich aufmachen und über Zion erbarmen; denn es ist Zeit, daß du ihm gnädig seist, und die Stunde ist gekommen« (Psalm 102,14).

Eine Nation sollte an einem Tag geboren werden – und nach beinahe 2000 schmerzerfüllten Jahren ist es schließlich geschehen. Israel wurde am 14. Mai 1948 von neuem geboren.

Claude Duvernoy schreibt:

Der 15. Mai war ein Samstag, ein Sabbat. Es war symbolisch, daß dieser Tag ein Tag der Ruhe sein sollte, denn Israel konnte schließlich und endlich ruhen von seinem zwanzig Jahrhunderte dauernden Martyrium, und Gott wurde in jeder Synagoge verherrlicht. In Rom sangen und weinten Juden unter dem Triumphbogen des Titus, der als Denkmal für die Niederlage der jüdischen Armeen und die Zerstörung Jerusalems im Jahre 70 steht. DAVID BEN GURION, der wiedererstandene JOSUA, verkündete in der Unabhängigkeitserklärung:

»... Der Staat Israel wird seine Tore allen jüdischen Immigranten aus allen Ländern des Exils öffnen; er wird sich der Entwicklung des Landes zum Wohle aller seiner Einwohner widmen; er ist gegründet auf dem Prinzip der Freiheit, Gerechtigkeit und des Friedens, wie er von den Propheten Israels verkündet wurde ... Wir setzen unser Vertrauen auf den Fels Israels.«[157]

5. Warum Israel gehaßt wird

Ja, der Staat wurde 1948 geboren. Aber im selben Augenblick als er geboren wurde, wollten böse Kräfte Israel angreifen und ersticken – genau wie den neugeborenen Christus in Bethlehem. Sieben arabische Armeen – die Armeen Ägyptens, Jordaniens, Syriens, des Irak, des Libanon, Saudi Arabiens und die Streitkräfte des MUFTI von Jerusalem – marschierten ein und griffen an, als man in den Straßen Jerusalems, in anderen Städten und Dörfern kaum aufgehört hatte zu tanzen und zu jubeln.

In gewisser Weise war es so immer in der Geschichte Israels gewesen. In PSALM 83 finden wir die folgenden Worte:

> »Gott, schweige doch nicht! Gott, bleib nicht so still und ruhig! Denn siehe, deine Feinde toben, und die dich hassen, erheben das Haupt. Sie machen listige Anschläge wider dein Volk und halten Rat wider die, die bei dir sich bergen« (PSALM 83,2-4).

Satan hat Israel schon immer gehaßt. Vor dem Exodus aus Ägypten erweckte er das Herz des PHARAO gegen die Israeliten. Vor dem Exodus aus Medien und Persien benutzte er HAMANS Eifersucht auf MORDECHAI, um den Plan, alle Juden zu ermorden, auszuhecken. Später stellte sich HITLER auf seine Seite, um die dritte Heimführung des jüdischen Volkes zu verhindern und um sie abzuschlachten, solange sie noch in Europa waren. Es war schon immer so gewesen. Jetzt waren die Juden zurückgekommen und hatten ihren eigenen Staat nach zwei langen Jahrtausenden bekommen, da war Satans Zorn schon wieder herausgefordert.

Um den Ärger der Araber gegen Gottes Volk, die Juden, ihre Rückkehr und die Gründung des Staates Israel zu verstehen, müssen wir die Ursprünge dieses Hasses betrachten.

JOAN PETERS hat darüber ein ausgezeichnet recherchiertes Buch geschrieben. »From Time Immemorial« (»Seit undenklicher Zeit«)[158] ist weithin als Standardwerk zu diesem Thema anerkannt. Vielleicht ist es eines der Bücher, das die Feinde Israels am meisten hassen und fürchten. Im folgenden soll ausführlich daraus zitiert werden.

Ganz genauso wie hinter dem Haß und den Greueltaten HITLERS und der Nazis eine bestimmte Ideologie stand, steht auch eine hinter dem Haß und den Kriegen der Araber gegen die Juden und das Volk Israel. Es ist nicht einfach eine Frage »ihres Landes«, das ihnen weggenommen wird; die Ursprünge liegen viel tiefer, wobei der Einfluß und die Ideologie des Islam eine der grundlegenden Quellen darstellt.

Wer den islamischen Aspekt des Konflikts außer acht läßt oder nicht gründlich studiert, wird niemals die wirklichen Gründe für den bitteren Haß und die andauernde Schlacht gegen das kleine Israel verstehen können. Deshalb sollen hier zu Anfang dieses Kapitels einige Auszüge aus dem kürzlich veröffentlichten »Covenant of the Islamic Resistance Movement (Hamas)« (»Charta der Islamischen Widerstandsbewegung« [Hamas]) zitiert werden:

> Die islamische Widerstandsbewegung ist nur ein Glied in der Kette des Kampfes gegen die zionistischen Eindringlinge ... die sich zu einer Einheit zusammenfügt mit einer anderen Kette, die den Kampf der Palästinenser und der Moslembruderschaft einschließt ... Die islamische Widerstandsbewegung strebt die Verwirklichung der Verheißung Allahs an, ganz unabhängig davon, wie lange es dauern wird. Der Prophet, Allah möge ihn segnen und ihm die Erlösung verleihen, hat gesagt: »Der Tag des Gerichts wird nicht kommen, bis die Moslems gegen die Juden kämpfen« (indem sie sie töten).
> Die islamische Widerstandsbewegung glaubt, daß das Land Palästina ein islamisches waqf ist, das künftigen moslemischen Generationen bis zum Tag des Gerichts geweiht ist. Es gibt keine Lösung für die Palästinafrage außer durch den *Dschihad.* Initiativen, Vorschläge und internationale Konferenzen sind Zeitverschwendung und vergebliche Bemühungen.
> Artikel 14: Die Frage der Befreiung Palästinas ist eingebunden in drei Zirkel:
> Den palästinensischen Zirkel,
> den arabischen Zirkel, und
> den islamischen Zirkel.
> Ein jeder dieser Zirkel spielt seine eigene Rolle im Kampf gegen den Zionismus.[159]

Der letzte Punkt ist entscheidend, wenn man die bestimmenden Faktoren im Nahostkonflikt verstehen will. Alle drei Zirkel sind moslemisch. Auch wenn sie in gewisser Hinsicht getrennt voneinander zu sehen sind, fungieren sie doch unter der vereinigenden Macht des Islam und sind ausgerichtet auf das weltweit verkündete moslemische Ziel – daß Palästina als Land wieder unter islamische Herrschaft und Souveränität zurückgeführt wird. Das ist kurz gefaßt die Crux des gesamten Nahostkonfliktes. Daß dies wirklich der Fall ist, soll im folgenden auf verschiedene Weise dokumentiert werden.

Heute haben die meisten relativ desinformierten Journalisten und Politiker im Westen die fehlgeleitete Meinung, daß, sobald Israel sich aus den »besetzten Gebieten«, nämlich dem Gazastreifen, Judäa und Samaria (das »Westjordanland«) und von den Golanhöhen zurückzieht, eine Chance für den Frieden im Nahen Osten besteht.

Der Grund für diese Denkweise ist die falsche Auffassung, daß es in diesem Konflikt hauptsächlich um Land geht. Realität ist allerdings, daß eigentlich die Eliminierung Israels von der Landkarte des Nahen Ostens angestrebt wird. Dies kann leicht verständlich gemacht werden, wenn man die Geschichte der Region etwas genauer unter die Lupe nimmt.

Während des Sechstagekrieges 1967 befehligte der ägyptische Präsident Gamal Abdel Nasser seine Armee und seine Soldaten nicht dahingehend, den Gazastreifen und das »Westjordanland« zu befreien – weil diese Landstriche nämlich bereits in arabischen Händen, das heißt unter ägyptischer und jordanischer Herrschaft, waren!

Nein, Nasser befahl seinen Truppen, die Juden abzuschlachten und Israel zu zerstören. Das Ziel der Schlacht war nicht die Eroberung des »Westjordanlandes«, sondern die Zerstörung des Staates Israel im Namen Allahs und des Islam.

Auch die PLO wurde schon 1964 gegründet, drei Jahre *bevor* das »Westjordanland« im Sechstagekrieg, der ein Verteidigungskrieg war, unter israelische Souveränität gelangte. Dies bedeutet, daß die PLO nicht nur das »Westjordanland« befreien sollte – das sich bereits in arabischen Händen befand –, sondern vielmehr zu dem Zweck gegründet wurde, *ganz* Palästina von jüdischer Souveränität zu »befreien«, was schon der Name der Organisation besagt.

Wenn es einzig um die Frage der Aufteilung des Landes unter zwei Völker – die jüdischen und die arabischen Palästinenser – gegangen wäre, hatten die Araber 1947 ausreichend Gelegenheit dazu, als die Resolution der Vereinten Nationen eben das vorschlug: die Aufteilung des Landes in Staaten für Araber und Juden. Die Araber, nicht die Juden, weigerten sich, diesen Teilungsplan anzunehmen, weil sie alles wollten: Tel Aviv – Jaffa – Haifa – eben alles!

Aber der Nahostkonflikt wird einer leichtgläubigen Welt von den Moslems und Arabern so »verkauft«, als hätten die Juden arabisches Land geraubt. Tatsache ist das Gegenteil: Die Araber erklärten Israel 1948 den Krieg, weil sie auch das Land haben wollten, das von den Vereinten Nationen den Juden zugeteilt worden war. *Deshalb* herrscht seit nunmehr beinahe 50 Jahren Krieg im Nahen Osten.

Noch eine andere Tatsache ist bemerkenswert: Das Land des Mandatsgebietes Palästina, das ursprünglich vom Völkerbund und der *Balfour Declaration* als Heimstätte für das jüdische Volk vorgesehen war, umfaßte das Land sowohl östlich, als auch westlich des Jordans, was zusammen Ost- und Westpalästina darstellt.

Doch obwohl das ganze Land – das westliche, wie auch das östliche Palästina – für jüdische Besiedlung und eine jüdische Heimstätte bestimmt gewesen war, trennten die Briten unter arabischem Druck einseitig 75 Prozent des Gebietes ab, um den Haschemiten, KÖNIG FAISAL, zufriedenzustellen, so daß

> ... die gesamte »Heimaterde« des arabischen und des jüdischen »Palästina« innerhalb von zwei Jahren seine Unabhängigkeit erreichte. Transjordanien 1946 (als es Abdullah gegeben wurde) und Israel 1948.[160]

Doch auch dies reichte den Arabern nicht. Israel sollte vollkommen zerstört werden. Dabei sollte die Tatsache nicht beachtet werden, daß das Gebiet, das die Nachkommen ISMAELS ihr eigen nennen, 614mal größer ist als das Land Israel – was ungefähr der doppelten Größe der Vereinigten Staaten von Amerika entspricht. Trotzdem gaben sich die Araber und Moslems nicht zufrieden – jedes Stückchen Palästina in den Händen der jüdischen Ungläubigen ist ein unerträglicher Affront gegen Allah – alles muß zurückgebracht werden in den moslemischen Schoß. Die arabischen Staaten haben die PLO als ihr Instrument zu eben diesem Zweck unterstützt.

Die Charta der PLO, die eben dieses Ziel ausspricht – die Zerstörung des Staates Israel –, genießt die Unterstützung aller arabisch-moslemischen Staaten, die einstimmig die PLO zur alleinigen Vertretung des palästinensischen Volkes bestimmt haben. Nicht ein einziger dieser arabischen Staaten hat jemals die offizielle Entfernung oder Umwandlung dieser Artikel der PLO-Charta, die ganz unverhüllt die Zerstörung des souveränen Staates Israel fordern, verlangt. Warum nicht? Weil tatsächlich keine dieser arabischen Nationen diese Paragraphen wirklich beanstanden.

Wie die oben erwähnte Charta der islamischen Widerstandsbewegung sagt, gibt es drei Bewegungen oder Zirkel, die miteinander kooperieren, um dasselbe Ziel zu erreichen – die Eliminierung Israels. Der palästinensische, der arabische und der moslemische Zirkel haben keine grundsätzliche Meinungsverschiedenheit in bezug auf ihr Endziel: die Ausrottung des Krebsgeschwürs Israel aus ihrer islamischen Gemeinschaft.

Deshalb unterstützte und kooperierte die PLO so sehr mit AYATOLLAH CHOMEINI, der zwar kein Araber war, dem aber als fanatischem Moslem im Kampf gegen die Juden Vertrauen entgegengebracht werden konnte. CHOMEINI erhielt viel Hilfe von ARAFAT, der, nachdem er den Ayatollah nach der erfolgreichen Revolution umarmt und geküßt hatte, sagte: »Diese Umarmung ist für die Befreiung Jerusalems und Palästinas!«

Wir sollten daran denken, daß weder eine der arabischen Nationen, noch irgendein anderes islamisches Land jemals von ARAFAT oder der PLO die Veränderung der Charta der Organisation verlangt hat. Warum? Wiederum: Weil die unterschwellige Sehnsucht nach einer Zerstörung des jüdischen Staates in den Herzen von Millionen von Moslems lebendig ist – seien sie nun Araber, Iraner, Inder oder malaysische Moslems – macht keinen Unterschied. Wenn man sie fragt, werden sie einem sagen: Es ist der Wille Allahs, daß Israel zerstört wird.

Genau das sagte einer der allerersten moslemisch-palästinisch-arabischen Führer, der Großmufti von Jerusalem, HAJ AMIN AL HUSSEINI, als er 1942 gemeinsam mit HITLER im Radio Berlin zu Gast war: »Tötet die Juden – tötet sie mit euren Händen, tötet sie mit euren Zähnen – dies ist Allahs Wille.«

Interessanterweise ist ARAFAT blutsverwandt mit HAJ AMIN AL HUSSEINI, wie auch FAISAL HUSSEINI, einer der Sprecher der palästinensischen Delegation bei den »Nahost-Friedensgesprächen«. ARAFAT selbst wurde 1929 geboren. Sein voller Name, wie er von seinem Vater Abdul im Kairoer Innenministerium registriert worden war, ist RAHMAN ABDUL RAUF ARAFAT AL-QUDWA AL-HUSSEINI. ARAFAT ist der Name eines heiligen Berges in der Nähe von Mekka, an dem Mohammed nach islamischer Überlieferung in den letzten Botschafter Allahs verwandelt wurde.

In seinen frühen Jahren kam ARAFAT unter den starken Einfluß der Lehren des moslemischen Lehrers YUSUF AL-AKBAR, mit dem er viele Stunden verbrachte. Im Alter von acht Jahren verbrachte RAHMAN mehr Zeit mit AL-AKBAR als mit seiner Familie. AL-AKBAR unterzog ARAFAT einer Gehirnwäsche und überzeugte ihn, daß er eine besondere Rolle spielen werde. So war die Wirkung des Islam der erste und stärkste Einfluß auf das Leben des jungen ARAFAT. Dies ist die Erklärung dafür, warum der PLO-Chef sich stets so gut mit den meisten fanatischen Moslemführern verstand, auch wenn es Perioden der Entfremdung und Rivalität gab, wie in seiner Beziehung zum libyschen Führer MUAMMAR GADDAFI.

So werden wir auch hier mit dem vorherrschenden Einfluß des Islam auf den gegenwärtigen palästinensisch-arabischen Kampf gegen Israel konfrontiert. Wo liegen die Ursprünge des Islam? Warum hat er eine derartige Zerstörung mit sich gebracht, wo immer er sich ausbreitete?

Es war die Nacht der Macht – wie es formuliert wird – im Monat der Enthaltsamkeit, daß der Engel GABRIEL zum ersten Mal Mohammed erschien. MACBRIDE schreibt in »Mohammedan Religion Explained« (»Die mohammedanische Religion erklärt«):

> Nach dieser Erscheinung ... sagt man, habe es eine Zwischenzeit von zwei Jahren gegeben, während der [Mohammed] Halluzinationen erlitt und mehrere Male die Selbstzerstörung erwog. Seine Freunde waren alarmiert und riefen Exorzisten herbei, und er selbst bezweifelte, daß er bei klarem Verstand sei. Einmal sagte er zu seiner Frau: »Ich höre einen Klang und sehe ein Licht: Ich fürchte, da sind Dschinns (Geister) in mir;« und dann: »Ich fürchte, ich bin ein Kahin«, das heißt, ein Wahrsager, der von Satan besessen ist. »Gott«, erwiderte CHADIJAH, »wird das niemals

zulassen, denn du hältst dich an deine Verpflichtungen und hast deine Verwandten unterstützt«; und nach einigen Berichten fügte sie hinzu: »Du wirst ein Prophet sein für deine Nation.« Diese Klänge, wie von einer Glocke oder einer Schelle, zählen zu den Symptomen der Epilepsie. In diesem krankhaften Gefühlszustand wird dann gesagt, habe er eine Stimme gehört und, als er seinen Kopf hob, Gabriel gesehen, der ihm versichert habe, er sei ein Prophet Gottes. Verängstigt kehrte er nach Hause zurück und bat um eine Bedeckung. Er hatte einen Anfall und man goß kaltes Wasser über ihn. Als er danach wieder zu sich kam, hörte er diese Worte: »Oh, du Bedeckter, erhebe dich und predige und verherrliche den Herrn«; weiter, wird berichtet, habe er Offenbarungen ohne Unterbrechung erhalten. Vor dieser angeblichen Offenbarung war er wegen des bösen Blickes medizinisch behandelt worden. Als der Koran das erste Mal zu ihm herabfuhr, fiel er ohnmächtig in Anfälle, wobei er gewaltsam geschüttelt wurde, seine Augen geschlossen waren und sein Mund schäumte. Chadijah bot ihm an, ihn zu jemandem zu bringen, der ihm den bösen Geist austreiben würde, aber er verbot es ihr.[161]

Sollte dies nicht genügen, die seltsamen Ursprünge des Islam offenzulegen, sollten wir uns vielleicht die Früchte und Konsequenzen ansehen, die die Ausbreitung der Religion begleiteten. Wohin sich der Islam auch ausbreitete, unterwarf er die Menschen mit dem Schwert und beging furchtbare Massaker, alles im Namen Allahs.

Dies ist sehr gut in Bat Ye'ors Büchern »The Dhimmi: Juden und Christen unter dem Islam« (»Die Dhimmi: Juden und Christen unter dem Islam«)[162] und dem auf Französisch erschienenen »Les Chrétienté d'Orient Entre Jihad et Dhimmitude« (»Die Christenheit des Orients zwischen Dschihad und Dhimmi-Status«)[163] dokumentiert, die die unglaubliche Zerstörung der christlichen

Gemeinden im ganzen Nahen Osten als Resultat der Ausbreitung des Islam berichten.

> Als die Moslems zunehmend mächtiger wurden, breitete sich der Heilige Krieg über Arabien hinaus aus. Ursprünglich nicht mehr als ein Raubzug, entwickelte sich der *Dschihad* zu einem Eroberungsfeldzug, der einem bestimmten Gesetzeskodex unterworfen und dessen grundlegendes Ziel die Bekehrung der Ungläubigen war. Waffenruhen waren erlaubt, jedoch niemals ein dauernder Friede. Polytheisten mußten sich generell zwischen Tod oder Bekehrung entscheiden; das Leben, gottesdienstliche Freiheit und die Unverletzlichkeit ihres Besitzes wurde unter gewissen Bedingungen Juden, Christen und Zoroastrianern, wie später auch, weil es notwendig wurde, Hindus, zugestanden.
> *Dschihad* ist eine Weltanschauung, die die Menschen auf der Erde in zwei unversöhnliche Lager teilt: das eine ist das *dar al-Harb*, das »Gebiet des Krieges,« das die Gebiete, die von Ungläubigen beherrscht werden, umfaßt. Das andere ist das *dar al-Islam*, das »Gebiet des Islam,« die moslemische Heimat, in der das islamische Gesetz regiert. Der *Dschihad* ist der normale und andauernde Zustand des Krieges zwischen den Moslems und dem *dar al-Harb*, ein Krieg, der nur mit der abschließenden Beherrschung aller Ungläubigen und der absoluten Oberherrschaft des Islam über die ganze Welt ein Ende finden kann. Im vierzehnten Jahrhundert rechtfertigte ein Jurist, Ibn Taymiyya, diesen permanenten Kriegszustand, indem er versicherte, daß der Besitz von Land durch Ungläubige illegitim sei und solches Land aufgrund göttlichen Rechtes den Anhängern der wahren Religion zurückgegeben werden müßte. So wurde *Dschihad* das Mittel, durch das die Moslems *zurückerhielten*, was von den Ungläubigen auf Erden unrechtmäßig in Besitz genommen worden war. In dieser Anschauung ist dieser Krieg heilig und legitim, weil er den Moslems das Land und den Besitz *zurückgibt*, der Teil des *dar al-Islam* sein sollte, bisher aber illegal Teil des *dar al-Harb* ist. Aus diesem Grunde ist jede kriegsähnliche Handlung im dar al-Harb –

das selbst keinerlei Existenzrecht hat – gerecht und rechtmäßig, und somit von jeder moralischen Verurteilung ausgenommen ...

Moslemische Juristen begründeten die Eroberungsrechte auf der Basis von MUHAMMADS Verhaltensweise gegenüber den Juden Arabiens. Diese Verhaltensweise wurde zum Modell und dient als universale Norm gegenüber allen Juden, Christen, Zoroastrianern und anderen, die durch *Dschihad* unterworfen wurden. Genau wie Mohammed die Juden von Chaybar, die seine Souveränität anerkannten, geschont hatte, so, schlossen die arabischen Eroberer, müßten sie selbst »Toleranzverträge« mit all den Völkern schließen, die sich angesichts des *Dschihad* ihrer Herrschaft unterwarfen. Der *Dhimmi*-Status, der die direkte Konsequenz des *Dschihad* ist, steht in Verbindung mit diesen Verträgen. Er suspendiert die ursprünglichen Rechte der Eroberer über die Anhänger der offenbarten Religionen bis auf die Zahlung eines Tributs, zu der sich auch die Juden an den Propheten von Chaybar bereiterklärten.[164]

Der Begriff »Islamisierung« beschreibt einen komplexen politischen, wirtschaftlichen, kulturellen, religiösen und ethnischen Prozeß, durch den die islamisierte Bevölkerung arabischer oder türkischer Abstammung, die Völker, Zivilisationen oder lokalen Religionen der Länder, in die sie eindrangen, einnehmen. Im Rahmen dieses Prozesses kann man zwei verschiedene Faktoren beobachten: Zum einen die Fusion – die Absorption der lokalen Zivilisation durch die Invasoren und die Bekehrung der Menschen des Landes zum Islam. Zum anderen Konflikte – Massaker, Versklavung, Deportationen und systematische Zerstörung der kulturellen und religiösen Ausdrucksformen der lokalen Zivilisationen. Diese Evolution schließt eine gleichzeitige Koexistenz von Verschmelzungs- und Konfliktsituationen nicht aus. Derartige Vorgehensweisen wurden in Ländern wie Armenien, Persien, Syrien, Palästina, Ägypten, Nordafrika, Zypern, Kreta, Spanien, Frankreich und Italien angewandt.[165]

JOAN PETERS schreibt:

... der ursprüngliche Plan des Propheten MUHAMMAD war es, die Juden dahin zu führen, den Islam anzunehmen. Als MUHAMMAD im Jahr 622 seine Herrschaft in Medina aufrichtete, hatte er nur sehr wenige Anhänger und übernahm einige jüdische Praktiken – einschließlich des täglichen Gebets in Richtung auf Jerusalem und des Fastens an Jom Kippur – in der Hoffnung, so die Juden zu gewinnen. Aber die jüdische Gemeinschaft lehnte die Religion des Propheten MUHAMMAD ab und zog es vor, den eigenen Glaubensgrundsätzen treu zu bleiben, worauf MUHAMMAD Mekka an die Stelle Jerusalems setzte und viele jüdische Praktiken fallen ließ.
Drei Jahre später begannen die arabischen Feindseligkeiten gegen die Juden, als eine mekkanische Armee den jüdischen Stamm von Quraiza ausrottete. Als Ergebnis der Abneigung des Propheten MUHAMMAD enthält der Heilige Koran selbst viele feindselige Verurteilungen der Juden, sowie bittere Angriffe gegen die jüdische Tradition, was zweifellos die Glaubenshaltung religiöser Moslems bis in die Gegenwart hinein beeinflußt.[166]

1970 behauptete JASSIR ARAFAT:

Die Befreiung Palästinas und die Beendigung der zionistischen Unterwanderung politischer, ökonomischer, militärischer und propagandistischer Art gegenüber moslemischen Staaten ist eine der Aufgaben der moslemischen Welt. Wir müssen einen heiligen Krieg (DSCHIHAD) gegen den zionistischen Feind, der nicht nur Palästina, sondern die gesamte arabische Region begehrt, führen.[167]

Für diejenigen, die die Relevanz der Bibel für den Zionismus übersehen, mag es interessant sein zu wissen, daß wenigstens die Feinde Israels diese ernstnehmen:

1982 verabschiedete die UNESCO eine Resolution, in der gefordert wird, daß die Geschichte, die in einer Beziehung mit der [jüdischen] Bibel steht, so umgeschrieben wird, daß die Juden ausgelassen werden.[168]

Dies geschah nach einem Besuch JASSIR ARAFATS im Oktober 1980, während dessen er eine Rede voll glühenden Hasses gegen den Zionismus an die UNESCO-Konferenz in Belgrad gerichtet hatte.

Noch 1981 legten die moslemischen Länder auf der dritten islamischen Gipfelkonferenz in Taib, Saudi Arabien, in Übereinstimmung mit ARAFATS Wünschen in der fünften Resolution fest:

Die islamischen Länder haben in ihrer Resolution klar herausgestellt, daß das Wort *Dschihad* im islamischen Sinne zu verstehen ist und somit keinerlei Interpretation oder Mißverständnissen unterliegt, und daß die praktischen Maßnahmen zu seiner Verwirklichung in Übereinstimmung damit und in ständiger Beratung der islamischen Länder untereinander in Angriff genommen werden.[169]

So sehen wir, daß der islamische Faktor im Rahmen des Nahostkonfliktes zwar von den meisten Politikern übersehen wird, aber dennoch einer der stärksten und gefährlichsten Faktoren ist. Dies versuchte Israels Präsident HERZOG den Europäern klarzumachen, als er 1992 vor den Parlamentariern in Straßburg sprach:

Der Aufstieg des islamischen Fundamentalismus bedroht gegenwärtig die meisten Regierungen des Nahen Ostens, wobei er Aufstände … in vielen Ländern unserer Region nährt und sich rapide durch die ganze Welt verbreitet.

Die wachsende Besorgnis über Versuche islamischer Staaten, nukleare, chemische und biologische Waffen zu erlangen, zusammenfassend, warnte Präsident Herzog, daß eine Verbindung eines Extremismus islamisch-fundamentalistischer Prägung mit dem Schrecken der Massenvernichtungswaffen unausweichlich das Szenario einer Katastrophe heraufbeschwöre.

In seinem Buch über den Islam schrieb mein palästinensisch-arabischer Freund DR. ANIS SHORROSH folgendes:

> In der Schlacht von Tours/Frankreich wurden die Moslems 732 in ihrem Sturm zur Eroberung der Welt aufgehalten. Aber jetzt intensiviert sich der Ruf, wie wir im Sommer 1985 in England hörten: »Wenn wir London für den Islam einnehmen können, können wir die ganze Welt erobern.« Die militanten Anstrengungen werden von Männern wie AYATOLLAH CHOMEINI aus dem Iran, Militärregimes wie dem des Colonel GADDAFI aus Libyen und dem tragischen Bürgerkrieg im Libanon repräsentiert.[170]

Der britische Hochkommissar und Oberkommandierender in Palästina, J. R. CHANCELLOR, schrieb am 1. September 1929:

> Ich habe mit Schrecken von den grauenhaften Taten erfahren, die von Vereinigungen ruchloser und blutrünstiger Übeltäter, von brutalen Mördern an wehrlosen Mitgliedern der jüdischen Bevölkerung begangen wurden, ohne Rücksicht auf Alter oder Geschlecht – Taten unaussprechlicher Grausamkeit.[171]

JOAN PETERS schreibt:

> Die Gewalt, von der die PLO JASSIR ARAFATS und andere jetzt behaupten, sie habe erst seit 1948 mit der Wiedergeburt Israels gegen die Juden begonnen – palästinensischer Terrorismus –, war tatsächlich ein entscheidender Faktor in den frühen Entwicklungen, die die zentralen Bevölkerungs-

bedingungen in Palästina anheizten. In ihrem Heiligen Land erlitten sowohl Juden als auch Christen seit langem harte Diskriminierung, Verfolgung und Pogrome. Dem Bericht des Britischen Konsulats von 1839 zufolge, lag der Wert eines jüdischen Lebens »nicht weit über« dem Leben eines Hundes.[172]

Daß dies nicht nur auf Juden und Christen im Heiligen Land zutraf, sondern für alle, die jahrhundertelang als *Dhimmis* unter moslemischer Herrschaft in anderen Teilen des Nahen Ostens lebten, ist in Bat Ye'ors »Die Dhimmi« ausreichend dokumentiert.

In »The Closed Circle« (»Der geschlossene Kreis«) schreibt David Pryce-Jones:

> Am 28. November 1941 traf [der Mufti von Jerusalem] Haj Amin mit Hitler zusammen. Sie stimmten in der Notwendigkeit überein, die Juden überall zu vernichten (Bem. d. Herg.: Nicht nur in Israel, wie die palästinensischen Araber einer naiven Welt glauben machen wollen!), aber Hitler zögerte, sich zu einer Befreiung der Araber zu verpflichten ... Indem er sich zu einem brauchbaren Alliierten machte, wurde Haj Amin zu einem Kriegsverbrecher. Eine deutsch-arabische Ausbildungseinheit war bereits aus arabischen Freiwilligen in Deutschland gebildet worden, deren Angehörige deutsche Uniformen mit einer Armbinde »Frei Arabien« trugen. Auch Haj Amins Militärkommandeur Qawukji war in Berlin gewesen. Mit seiner Hilfe wurde diese Ausbildungseinheit zu einer Arabischen Legion erweitert. Diese Legion stand auch anderen Moslemen, zum Beispiel Bosniern, offen und wurde schließlich zu einer SS-Einheit. Anfangs schätzte Haj Amin die Bedeutung Himmlers und unterstellte sich seiner besonderen Patenschaft und veranlaßte ihn in einer ganzen Serie von Briefen und Appellen – überflüssigerweise, aber um sicherzugehen –, die Fluchtwege für Juden im Balkan und sonstwo zu blokkieren, und ihre Ausrottung voranzutreiben ... Haj Amin

erklärte: »Tötet die Juden wo immer ihr sie findet – dies gefällt Gott, der Geschichte und der Religion wohl.« Dazu trug er seinen Teil bei, indem er den Massenmord unterstützte und begünstigte. HITLER kam zu dem Schluß, daß die Araber hätten besser eingesetzt werden können und sagte im Februar 1945 mit Bedauern, daß die Araber »als unsere beste Karte« hätten ausgespielt werden können, weil »die islamische Welt vor Erwartung unseres Sieges bebte«.[173]

Genug wurde gesagt, um zu zeigen, daß der Grund für den Haß gegen die Juden und Israel wenig damit zu tun hat, eine gerechte Lösung für die palästinensischen Araber zu finden – eine Geschichte, die der Welt erfolgreich angedreht wird. Die »gerechte Lösung«, die von den palästinensischen Arabern unter der Führung der PLO angestrebt wurde – unterstützt zuerst und vor allem von anderen moslemisch-arabischen Nationen, aber dann auch von der gesamten moslemischen Welt im Großen –, ist die Zerstörung und Ausradierung Israels. Es besteht eine augenscheinliche Ähnlichkeit zwischen den Parolen der Nazis und denen der moslemischen Araber. Die Nazis wollten die arische Rasse vom jüdischen »Ungeziefer« befreien. Die moslemischen Araber wollen das Blut des Islam von einem jüdischen Staat und jüdischer Souveränität – dem »Krebs« – reinigen. Dies ist sicherlich eine traurige Schlußfolgerung, ganz besonders für das jüdische Volk, das sich so verzweifelt danach sehnt, mit seinen Nachbarn in Frieden zu leben.

Wir wollen nicht vergessen, wenn von all den palästinensisch-arabischen Flüchtlingen gesprochen wird, die Israel während des Unabhängigkeitskrieges 1948 verlassen mußten, daß eine gleiche Anzahl von Juden aus arabischen Ländern fliehen mußte. Diese jüdischen Flüchtlinge ließen bei weitem mehr Land, Bankkonten, Häuser, Einrichtungsgegenstände und anderen Besitz in arabischen Händen zurück, als die palästinensischen Araber, die aus Israel flohen, zurückließen. Deshalb waren in diesem *de facto* Bevölkerungsaustausch, der stattgefunden hat, die Araber die Gewinner – sie empfingen und machten sich bei weitem mehr Reichtum und Besitz der Juden, die aus ihren Ländern geflohen waren, zu eigen, als alles, was die Araber, die aus Israel geflohen waren, zurückgelassen hatten.

Terrence Prittie, ehemals Herausgeber des *Manchester Guardian,* hat ein Büchlein unter dem Titel »The Double Exodus« (»Der doppelte Exodus«) über dieses erstaunliche Phänomen verfaßt. Darin schreibt er:

> Die Araber von Haifa folgten den Anweisungen ihres eigenen Nationalkomitees und flohen. Selbst die Entführerin Leila Chaled, die behauptete, sie sei aus ihrer Heimat »vertrieben« worden, gab zu, daß sie eigentlich in einem Taxi davongefahren war – das von ihrer Mutter bestellt worden war, in Mißachtung der Anweisungen des abwesenden Vaters, der gesagt hatte, die Familie solle bleiben, wo sie ist. Der Versuch der jüdischen Behörden, die Araber von der Flucht abzuhalten, wurde in einem Bericht des britischen Polizeisuperintendenten von Haifa vom 28. April erwähnt: »Die Situation in Haifa ist unverändert. Die Juden unternehmen immer noch alles, um die arabische Bevölkerung zu überzeugen, zu bleiben und sich wieder ihrem normalen Leben in der Stadt zuzuwenden.«
> Die jüdischen Anstrengungen, den Flüchtlingsstrom einzudämmen, wurde auch von britischen Journalisten vor Ort bemerkt – wie im folgenden Bericht eines Sonderkorrespondenten des *Economist* deutlich wird:
> »Während der folgenden Tage baten die jüdischen Behörden, die Haifa jetzt vollkommen unter ihrer Kontrolle hatten (außer einigen begrenzten Distrikten, die noch von bri-

tischen Truppen kontrolliert wurden), alle Araber, in Haifa zu bleiben und garantierten ihnen Schutz und Sicherheit. Soweit ich weiß, sagten die meisten britischen zivilen Anwohner, die von arabischen Freunden um Rat gefragt wurden, daß es weise sei, zu bleiben. Allerdings blieben von den ehemals 62 000 in Haifa lebenden Arabern nicht mehr als 5000 bis 6000 zurück. Verschiedene Faktoren beeinflußten ihre Entscheidung dahingehend, die Sicherheit in der Flucht zu suchen. Es besteht wenig Zweifel, daß der entscheidendste Faktor die über Rundfunk ausgestrahlte Abkündigung des *Arab Higher Executive* war, der alle Araber in Haifa aufforderte, aufzugeben. Der angegebene Grund war, daß mit dem endgültigen Abzug der Briten die vereinigten Armeen der arabischen Staaten in Palästina einmarschieren und die Juden ins Meer treiben würden. Dabei wurde klar zu verstehen gegeben, daß diejenigen Araber, die zurückblieben und jüdischen Schutz akzeptierten, als Überläufer betrachtet würden« ... Viel wurde über das arabische Flüchtlingsproblem gesagt, aber warum sollte der Staat Israel für seine Existenz verantwortlich gemacht werden? Wenn wir die Verantwortung für die Existenz des arabischen Flüchtlingsproblems zuzuordnen suchen, dürfen wir nicht vergessen, die äußeren Kräfte zu erwähnen ... Sie verfolgen ihre eigenen, selbstsüchtigen Interessen ... die nichts gemein haben weder mit dem Streben nach Frieden und internationaler Sicherheit, noch mit den Interessen des arabischen oder jüdischen Volkes, sondern einzig den aggressiven Plänen der führenden Schicht einiger Staaten entspricht.[174]

Im folgenden einige Auszüge aus einem Artikel von Sabri Jrayyis, einem bekannten palästinensisch-arabischen Wissenschaftler am Institut für palästinensische Studien in Beirut, der auf Arabisch in *Al-Nahar*, Beirut, vom 15. Mai 1975, erschienen ist:

Es entspricht nicht den Tatsachen, daß fremde Staaten, besonders das zaristische Rußland, Nazi-Deutschland, Großbritannien und die Vereinigten Staaten, die einzigen Urheber der Bedingungen waren, die zur Schaffung des Staates Israel führten. Auch die Araber haben ihren Teil an diesem Prozeß. Es ist traurig zu sagen, aber sie waren sehr aktiv in dieser Hinsicht. Als Israel am 14. Mai 1948 gegründet wurde, hatte es eine Bevölkerung von schätzungsweise 650 000 Juden. Heute beträgt ihre Zahl drei Millionen, von denen eine halbe Million während der letzten 27 Jahre aus acht arabischen Staaten nach Israel kam, die momentan alle Mitglied in der Arabischen Liga sind und jeden Typ von Regierung repräsentieren, der in der arabischen Welt existiert: Monarchie, revolutionäres, sozialistisches und progressives System. Dies ist wohl kaum der Ort, zu beschreiben, wie die Juden aus den arabischen Staaten vertrieben wurden, aus Ländern, in denen sie seit Hunderten von Jahren gelebt hatten, wie sie dann schmachvoll nach Israel deportiert wurden, nachdem ihr Eigentum konfisziert oder für den niedrigst möglichen Preis übernommen worden war...

Es ist klar, daß Israel diese Tatsache im Laufe einer jeden ernsthaften Verhandlung, die vielleicht eines Tages über die Rechte der Palästinenser abgehalten werden wird, auf den Tisch bringen wird...

Israels Behauptungen sind folgendermaßen: Es ist möglich, daß wir Israelis die Ursache für die Vertreibung einiger Palästinenser im Laufe des Krieges von 1948 waren, deren Zahl auf 700 000 geschätzt wird, und deren Eigentum dann von uns übernommen wurde. Dagegen steht allerdings, daß ihr Araber seit 1948 die Vertreibung von ebenso vielen Juden aus arabischen Staaten verursacht habt, von denen sich die meisten in Israel niedergelassen haben, nachdem ihnen ihr Besitz auf die eine oder andere Weise abgenommen worden war. Deshalb war das, was passierte, eigentlich nur eine Art ›Bevölkerungs- und Eigentumsaustausch‹, und eine jede Seite muß die Konsequenzen tragen. Israel absorbiert die Juden aus den arabischen Staaten; die arabischen Staaten müssen ihrerseits die Palästinenser in ihrer eigenen Mitte ansiedeln und ihre Probleme lösen.

Es besteht kein Zweifel daran, daß in der ersten ernsthaften

Diskussion des Palästinenserproblems im Rahmen eines internationalen Forums Israel diese Forderungen vorbringen wird.[175]

Daher gibt es keinerlei Grund, Gottes Sicht der Dinge keinen Glauben zu schenken. Die arabischen Nationen (wenn auch natürlich nicht die einzelnen Araber, die von ihren eigenen Führern ihrem Leid überlassen wurden) wurden ausreichend bezahlt für all den arabischen Besitz, der bei der Flucht in Israel zurückgelassen wurde – durch all das Eigentum, das ihnen zufiel von den Juden, die aus ihrer Mitte fliehen mußten.

Wir haben einige dieser tiefverwurzelten Ursachen der gegenwärtigen Schlacht gegen Israel gesehen – eine Schlacht, die wir erwarten sollten, wenn die Wiederherstellung Israels direkt mit der Erlösung dieses Planeten Erde in Zusammenhang steht, wie die Bibel sagt. Wenn dies der Fall ist, können wir erwarten, daß sich enorme Kräfte und Einflüsse gegen Israel vereinigen, wie es immer in der Geschichte Israels geschehen ist. So war es und wird es auch weiterhin sein. Der Feind wird seinen Kampf gegen die Ziele Gottes nicht so leicht aufgeben, ganz besonders, wenn es um seinen Augapfel geht – sein Volk Israel.

6. Die Schlacht um das Land

Als Israel unter Josua nach 40 Jahren Wüstenwanderung in das Land der Verheißung einzog, erwartete das Volk sicher kein reines Vergnügen.

Zuerst hatten die Israeliten für längere Zeit schwierige und kostspielige Schlachten gegen die verschiedenen Völker des Landes zu schlagen, danach mit den Nachbarländern Syrien, Ammon, Moab, Ägypten etc. Deshalb sollten wir uns nicht wundern, wenn die gegenwärtige Rückkehr in ihr Land nicht ganz sanft vonstatten geht. Es gab und es wird auch in der Zukunft noch eine Menge Widerstand gegen Gottes Plan mit Israel geben. Wir müssen einen klaren Kopf behalten und dürfen nicht so »geistlich« werden, daß wir die modernen Realitäten, denen sich Israel gegenübersieht, nicht mehr wahrnehmen.

Im großen und ganzen hat sich Israel angesichts der extremen Umstände, die es seit dem Tag seiner Wiedergeburt (und schon vorher) bis in die Gegenwart hinein bedrohten, besser verhalten als – von einigen Ausnahmen abgesehen – viele andere Nationen der Welt unter ähnlichen Bedingungen.

Bis heute mußte Israel, nach der furchtbaren Erfahrung des Holocaust, in dem sechs Millionen seiner Leute umgekommen sind, fünf Kriege führen:

* Den Unabhängigkeitskrieg (1948)
* Den Sinaifeldzug (1956)
* Den Sechstagekrieg (1967)
* Den Jom-Kippur-Krieg (1973)
* Den Krieg »Friede für Galiläa« (1982)

Außerdem hatte Israel zahlreiche Todesopfer durch Terrorakte zu beklagen, sowohl innerhalb Israels, als auch in der ganzen Welt. Hinzu kommen die langen und schmerzvollen Jahre der Intifada.

Darüber hinaus wurde dieser Staat während des Golfkrieges 39mal von SADDAM HUSSEIN mit Scud-Raketen beschossen. Während dieser Angriffe, als Raketen auf israelische Bevölkerungszentren fielen, tanzten die palästinensischen Araber auf den Dächern und riefen *»Allahu Akbar«* (Allah ist groß).

Wirklich bemerkenswert ist nach all dem von Arabern verursachten Leid, nach all den Kriegen und der Gewalt, daß die Israelis noch immer so viel Verständnis für die Palästinenser zeigen und bereit sind, mit ihnen zusammenzuleben, soweit diese es zulassen.

Der gegenwärtige Friedensprozeß wurde von der Likudregierung unter Premierminister YITZHAK SHAMIR, zuerst in Madrid und später in Washington DC, begonnen. Er ist ein Beweis für das ungeheure Verlangen jeder israelischen Regierung nach einem gerechten und dauerhaften *modus vivendi* mit denen, die bis dato die meisten ihrer Aktivitäten darauf verwandt haben, das Wohl Israels zu untergraben. Die Feinde Israels haben alles versucht, um den jüdischen Staat zu vernichten, durch Krieg, Terrorismus, Haß-Propaganda, Handelsboykotte, das Niederbrennen von Israels mühsam aufgeforsteten Wäldern. Unschuldige

Israelis wurden gesteinigt und erstochen, Zivilflugzeuge gesprengt, israelische Olympia-Sportler ermordet, israelische Orangen mit Quecksilber vergiftet, Autos verbrannt, Diplomaten ermordet oder verwundet und deren Freunde bedroht. Bombenanschläge wurden auf Synagogen und andere öffentliche Plätze verübt. Nichts und niemand war sicher. Trotz alledem versucht Israel mit schier unendlicher Geduld mit denen Frieden zu schließen, deren eigene Charta das Ziel der vollständigen Vernichtung des Staates Israel festschreibt. Wie erstaunlich! Aber noch mehr verwundert, daß die meisten Nationen der Welt immer noch Israel statt der Araber kritisieren, die, wie es der ehemalige israelische Botschafter bei den Vereinten Nationen, Abba Eban, formulierte, noch nie eine Gelegenheit verpaßten, eine Gelegenheit zu einer friedlichen Lösung zu verpassen.

In was für einer erstaunlichen Welt leben wir doch! Jesus sagte: »... Jerusalem wird zertreten werden von den Heiden, bis die Zeiten der Heiden erfüllt sind« (Lukas 21,24). Wir haben gesehen, welche geistlichen und politischen Ereignisse und Einflüsse der Herr benutzt hat, um sein Volk heimkehren und wenigstens auf der Hälfte seines alten Landes wieder heimisch werden zu lassen.

Die Juden akzeptierten den UNO-Teilungsplan, auch wenn er ihnen eine noch kleinere Heimat zusprach – ganze 16 Prozent dessen, was ursprünglich in der Balfour Declaration vorgesehen war.

Die Araber lehnten es ab, dem jüdischen Volk selbst dieses kleine Stückchen Land zu überlassen und griffen den neugeborenen Staat auf grausame Weise an. So nahmen die arabisch-israelischen Kriege ihren Anfang. Doch obwohl die Israelis 1948 sowohl zahlenmäßig als auch an Waffen weit unterlegen waren, gewannen sie ihren Unabhängigkeitskrieg. Die Araber akzeptierten einen Waffenstillstand unter der Aufsicht der Vereinten Nationen.

Dann kam 1956 der Sinaifeldzug, während dem auch französische und britische Truppen gegen Ägypten kämpften. Israel rückte bis zum Suezkanal vor und eroberte den gesamten Sinai. Seine Entscheidung zum Schlag gegen Ägypten war eine Reaktion auf jahrelange arabische Terroranschläge vom Gazastreifen aus (der damals illegal von Ägypten besetzt war), die von Kairo sanktioniert und unterstützt wurden. Zwischen 1949 und 1956 verloren 1300 Israelis durch Artilleriebeschuß, militärische Überfälle und Stipangriffe der *Fedayjin* ihr Leben. Vier Fünftel davon waren Zivilisten, darunter viele Frauen und Kinder.

Unter gewaltigem Druck von seiten der USA, und weil die französischen und britischen Alliierten ihre Unterstützung einstellten, zog sich Israel vom Kanal zurück und räumte den Sinai, ohne auch nur einen Friedensvertrag mit Ägypten dafür zu erhalten.

Im Gegenteil: Unter Gamal Abdel Nasser füllte Ägypten den Sinai mit Truppen, Bunkern, Befestigungsanlagen und Waffen und machte die große Halbinsel zu einem Sprungbrett für den nächsten Krieg gegen Israel.

Im Mai 1967 – kaum zehn Jahre nachdem Israel sich unter dem vollen Gewicht des amerikanischen Druckes vom Sinai und aus Gaza nach einem siegreichen Krieg zurückgezogen hatte – befahl Nasser den (friedenserhaltenden) Hilfsstreitkräften der Vereinten Nationen, den Sinai zu verlassen. Anstatt der einseitigen Entscheidung Ägyptens Widerstand zu leisten, fügte sich der damalige UNO-Generalsekretär U Thant bereitwillig Nassers Forderung und zog UNEF ab. Nasser verbreitete für jeden hörbar über den Äther, daß dies die Stunde sei, auf die Ägypten, die palästinensischen Araber und andere moslemische Araber gewartet hatten: Die Stunde, in der die Juden ins Meer getrieben und das Land Palästina wieder unter arabische Herrschaft kommen würde.

Zur selben Zeit besetzte der ägyptische Präsident eine Insel in der Straße von Tiran in der Nähe von Sharm el-Sheich und blockierte so Israels südlichen Zugang zum Meer. Dies war international als *casus belli,* d. h. als Kriegserklärung, anerkannt.

Israels sympathischer Außenminister ABBA EBAN appellierte an die Nationen der Welt, NASSER diplomatisch unter Druck zu setzen, um ihn zu zwingen, die Straße von Tiran wieder zu öffnen und so einen Krieg zu verhindern. Offensichtlich war keine Nation in der Lage, NASSER in die Schranken zu weisen. Es blieb Israel überlassen, seine Probleme selbst zu lösen.

So kam es, daß in den frühen Morgenstunden des 5. Juni 1967, einem Montag, israelische Flugzeuge gleichzeitig Angriffe auf 11 ägyptische Flugplätze flogen. In nur 170 Minuten wurden 300 von NASSERS 340 Kampfflugzeugen am Boden zerstört, wodurch alle seine bestausgerüsteten Luftwaffenstützpunkte vernichtet wurden. Nur 20 arabischen Flugzeugen gelang es, sich in die Luft zu erheben. Aber auch sie wurden zerstört. Dieser unglaubliche Sieg besiegelte den Ausgang dieses Krieges für die Verteidigungsstreitkräfte Israels. Ohne angemessene Unterstützung aus der Luft konnten die Ägypter den israelischen Einheiten nichts Entsprechendes entgegenstellen.

Indem NASSER sein Herz gegenüber dem diplomatischen Druck der westlichen Nationen verhärtete, wurde er zu einem Werkzeug prophetischer Erfüllung, ohne es zu merken.

Gott wollte seinem Volk den Teil des Landes geben, den es 1948 nicht erhalten hatte. Indem er die Herzen der verschiedenen arabischen Führer – der Präsidenten NASSER und ASSAD, sowie König HUSSEINS – verhärtete, zwang er Israel zu reagieren. Das Ergebnis dieses Krieges, der als »Sechstagekrieg« in die Geschichte einging, war, daß Judäa und Samaria – das Herzland des biblischen Israel – und die alte Stadt Jerusalem – die Hauptstadt König Davids – an ihre ursprünglichen Besitzer zurückfielen.

Der jordanische König hatte noch kurz vor Ausbruch der Feindseligkeiten NASSER umarmt und seine Armee unter ägyptisches Oberkommando gestellt. Trotzdem bot Israels Premierminister LEVI ESHKOL Jordanien einen wohlwollenden Ausweg an. General BULL von der UNO überbrachte König HUSSEIN einen Brief LEVI ESHKOLS. Darin wurde dem König mitgeteilt, daß Israel ihn nicht angreifen werde, wenn er den Beschuß Westjerusalems einstelle. König HUSSEIN, der sich an sein Versprechen gebunden sah, sandte General BULL mit der Botschaft zurück, er werde mit Israelis nur auf dem Schlachtfeld reden.

So ließ der Herr, indem er die Herzen der arabischen Führer verstockte, sein Volk Israel den Rest des Landes, besonders aber ihre alte Stadt, in einem Verteidigungskrieg einnehmen!

Von 1949 bis zum Sechstagekrieg hatte Jordanien das »Westjordanland« und Jerusalem illegal besetzt gehalten. So besetzte Israel, als es Judäa, Samaria und Jerusalem zurückeroberte, nicht einmal ein Gebiet, das legal irgendeiner anderen Nation gehört hätte! Wie wenige im Westen sind sich dieser Tatsache bewußt.

Gott hat seinen eigenen souveränen Weg, um sein Wort und seine Verheißungen zu erfüllen. So war es auch mit Judäa, Samaria und Jerusalem, das zurückfiel in die Hände seines ursprünglichen Besitzers.

Israel entschied, daß Jerusalem nie mehr geteilt werden soll. 1980 faßte das israelische Parlament diese Entscheidung in ein Gesetz: Jerusalem wird »ewige und unteilbare Hauptstadt des Staates Israel« bleiben!

Als Reaktion auf dieses Gesetz übten die islamischen und arabischen Nationen enormen Druck auf diejenigen Staaten aus, die ihre offiziellen Botschaften in Israels erklärter Hauptstadt hatten. Daraufhin zogen sich praktisch alle aus Jerusalem zurück.

In dieser Situation wurde die *Internationale Christliche Botschaft Jerusalem* als direkte Antwort auf die Furchtsamkeit der Welt eröffnet, besonders auch als Reaktion auf den fehlenden Mut derjenigen Nationen, die sich der arabischen Erpressung beugten und ihre Botschaften nach Tel Aviv verlegten.

Die Internationale Christliche Botschaft wurde während der ersten öffentlichen christlichen Feier des Laubhüttenfestes am 30. September 1980 gegründet, zu der ungefähr 1000 Christen aus verschiedenen Nationen und Kirchen nach Jerusalem gekommen waren, um dem jüdischen Volk ihre Solidarität zu bezeugen.

Nach beinahe 2000 langen Jahren war das jüdische Volk endlich wieder mit seiner alten Hauptstadt vereint. Jerusalem – buchstäblich von so vielen verschiedenen Nationen zertreten – war zurückgekehrt in den Schoß seines eigenen Volkes, genau wie es Christus vorausgesagt hatte: »... Jerusalem wird zertreten werden von den Heiden, bis die Zeiten der Heiden erfüllt sind« (LUKAS 21, 24). Die enorme Bedeutung dieses Wachwechsels ist übersehen worden, nicht nur von vielen Staaten, sondern auch von den meisten Kirchen. Obwohl Christus dieses Ereignis vorhergesagt hatte, wurde ihm doch nicht die angemessene Aufmerksamkeit zuteil, nicht einmal von der Mehrheit seiner eigenen Jünger.

Während dieser Tage fühlte ich mich gedrängt, einen offenen Brief an den amerikanischen Außenminister, ALEXANDER HAIG, zu schreiben. Er gehört zwar mit Sicherheit nicht zu den schlimmsten Kritikern, wohl aber hatte er Israel wegen der Wiedervereinigung Jerusalems kritisiert. In dem Brief, der in der *Jerusalem Post* veröffentlicht wurde, schrieb ich:

> Sehr geehrter Herr Minister,
> die kürzliche Verlautbarung des neuen US-Außenministers in bezug auf den Status von Jerusalem, und die darin implizierte Kritik an der unilateralen Vereinigung dieser Stadt unter israelischer Souveränität, enttäuscht uns sehr. Wir haben dies von der gegenwärtigen US-Regierung nicht erwartet. Millionen von gläubigen Christen in der ganzen Welt wissen, daß dieses Land den Juden als »ewiger Besitz« verheißen ist, und daß das jüdische Volk zur bestimmten Zeit nach der Zerstreuung wieder in das »Land ihrer Väter« zurückgekehrt ist. Dies schließt mit Sicherheit auch den Besitz ihrer alten Stadt Jerusalem ein.
> Wir sind deshalb nicht gegen diese Wiedervereinigung von Israels Hauptstadt. Vielmehr wenden wir uns gegen die Forderung im Namen der Interessen der drei Religionen nach einer Internationalisierung dieser Stadt – als ob wir mit der momentanen Situation nicht zufrieden wären.
> Seit Israel die Kontrolle der Stadt übernommen hat, werden die Rechte aller drei religiösen Gruppen – Juden, Christen und Moslems – respektiert. Der Ruf nach einer Veränderung der gegenwärtigen Situation impliziert, daß dieser Respekt von seiten Israels nicht schon gewährt und garantiert ist, und ist somit eine irreführende Andeutung, die der Wahrheit widerspricht. In kaum einer Zeit der jüngsten Geschichte Jerusalems gab es eine derartige religiöse Freiheit.

Warum wird dies nicht einmal offen zugegeben, wenn Nationen oder religiöse Körperschaften zur Respektierung aller religiösen Gruppierungen in einem Abkommen über die Situation Jerusalems aufrufen?
Oder behaupten die Nationen, daß Jordanien, das eine große Anzahl jüdischer Synagogen während seiner Verwaltung der Stadt verwüstete und Juden illegalerweise davon abhielt, in ihrem jüdischen Viertel an der Westmauer zu beten, ein besserer Verwalter und Garant dieses Respektes und der Freiheit für alle sei?
Oder stimmen diese »besorgten Leute« mit der Resolution der vor kurzem abgehaltenen Islamischen Konferenz überein, die dazu aufruft, das »Westjordanland« in einen PLO-Staat mit Jerusalem als Hauptstadt zu verwandeln?
Oder wäre eine Internationalisierung der Stadt unsere Antwort auf die Problematik der Stadt? Soll Israel etwa glauben, daß die UNO im Rahmen eines internationalen Abkommens besser für diese Stadt Sorge tragen könne, als dies Israel im Moment tut? Eine UNO, die Israel ständig durch einseitige Kritik in die Enge zu treiben versucht, soll jetzt plötzlich im Umgang mit Jerusalem gerecht und objektiv werden können? Wer wird die Israelis von einem solchen Wunder überzeugen können?
Oder schlägt Herr Haig vor, daß eine internationale christliche Vereinigung die Kontrolle über die Angelegenheiten dieser Stadt übernimmt, während die institutionalisierten Formen der Christenheit noch nicht einmal in der Lage sind, ihre eigenen christlichen Brüder im Libanon zu schützen, wie sie auch das Leben der europäischen Juden nicht vor Verfolgung und Massaker zu schützen vermochten? Werden sie sich jetzt plötzlich als bessere Verwalter dieser Stadt erweisen als Israel? Es muß gesagt werden, daß der Vatikan Israel bisher noch nicht als souveränen Staat anerkannt hat, und daß auch der Ökumenische Rat der Kirchen seine Neutralität verspielt hat, indem er offiziell die Vereinigung der Stadt durch Israel verurteilte, ohne eine ähnliche Verlautbarung während Jordaniens illegaler und ruinöser Annexion von 1948 bis 1967 herauszugeben.

Wirklich, Herr Haig, welche bessere Lösung können Sie uns vorschlagen, als diejenige, die wir momentan unter Israels Souveränität haben?

Die folgende Geschichte stammt von einem israelischen Vater und fängt etwas von der Intensität und Tiefe der Gefühle ein, die von vielen Israelis über die Wiedervereinigung Jerusalems während des Sechstagekrieges geteilt wurde:

> Als die Nachricht ankam, daß ein weiterer meiner Söhne, Yaakov, 1948 während des Unabhängigkeitskrieges in der Altstadt von Jerusalem getötet worden war, war ich so schockiert, daß ich wochenlang die Schwelle meines Hauses nicht überschreiten konnte. Mein erster Sohn, Mosche Yossef, war vorher schon im Yron-Tal gefallen.
>
> Wir konnten die siebentägige Trauer nicht sofort halten, weil Yaakov noch nicht zur Bestattung gebracht worden war. Mit übervollem Herzen versammelte ich an jenem Tag einen *Minyan* (eine Gruppe von zehn Männern) in meinem Haus, die in der Lage sein würden, das *Kaddish*-Gebet zu rezitieren. Während des Gebetes wurden wir jedoch furchtbar unter Beschuß genommen. Die Männer, die zum Gebet versammelt waren, mußten sich zerstreuen.
>
> So habe ich das erste *Kaddish* nicht gebetet. Viele Jahre lang warf ich sehnsüchtige Blicke hinüber zu den Mauern Jerusalems, um so wenigstens in die Richtung blicken zu können, in der Yaakov begraben lag. Häufig veranstaltete ich Gebetstreffen auf dem Dach eines Hauses auf dem Zionsberg, um das *Kaddish* so nahe wie möglich an der Altstadt beten zu können.
>
> Ich wußte sehr wohl, daß reine Seelen, solche wie Yaakov, die in der Verherrlichung seines Namens gestorben waren, ihres rechtmäßigen Platzes an der Seite des Allmächtigen sicher waren. Viel mehr als Yaakov brauchte ich das *Kaddish* für mich selbst, um den Ansturm des Schmerzes in meinem Herzen zu löschen. Es kann auch sein, daß ich es brauchte, um den Schöpfer aller Seelen, den Felsen Israels, über dem

Verlust seines auserwählten Volkes zu trösten: *Yitgadal veyitkaddash* ... – die göttliche Gedächtnishymne für die Toten und für die Ermutigung der Lebenden.
So vergingen 19 Jahre – Jahre, die gekrönt waren vom Stolz über die Wiedergeburt Israels; aber – zur gleichen Zeit – getrübt von der Trauer über ein geteiltes Jerusalem und den Verlust der Westmauer und des Grabes der Väter.
Gelobt sei er, der Gutes denen gewährt, die es nicht verdienen, daß wir das Vorrecht hatten, den Krieg von 1967 zu durchleben, die Erlösung Jerusalems und der Westmauer, des Grabes Rachels und der Grabhöhle in Hebron. Drei schwierige Tage kamen über unser Land und seine Hauptstadt. Für diejenigen, die zwei Weltkriege und arabische Pogrome gegen Juden in der Vergangenheit erlebt haben, waren diese drei Tage sehr schwer zu ertragen.
29. Iyar 5727 – der Tag nach der Befreiung Jerusalems – ich löse mich aus 19 Jahren Gefangenschaft – hin zur Altstadt und zur Westmauer. Ich gehe durch das *Sheich-Jarach*-Viertel, überwältigt von den komplizierten Befestigungsanlagen, die die Arabische Legion konstruiert hat. Das Herz schmerzt für die Hunderte unserer Jungen, die in diesem Krieg gefallen sind. Aber ich kann nicht anders, als zu denken: Welche Ausmaße hätte das Gemetzel angenommen, wenn sie nicht gewesen wären, und wenn – was Gott verhüten möge – der Feind gesiegt hätte. Das Opfer der Jungen war gesühnt!
Die Straßen sind voll von Schutt und zerbrochenem Glas. Hier und da liegt ein toter jordanischer Soldat. Ein arabischer Bus brennt noch immer seit gestern. Ich erreiche das Löwentor, küsse die Mauern Jerusalems. Auf der anderen Seite steht eine kleine Säule von Steinen, Erde und Schutt, gekrönt von einem behelfsmäßigen Zeichen – ein Denkmal für die Jungen, die während der letzten Tage gefallen sind.
Ehrfürchtig nähere ich mich der Westmauer. Ich zerreiße mein Hemd, wie es die religiöse Sitte gebietet. Und dann stehe ich vor dem versammelten *Minyan* und leite den Nachmittags-*Mincha*-Gottesdienst. Ich bete den *Kaddish* im Andenken an meinen Sohn Yaakov.

Nach dem Ende des Gebetes bildet sich ein Tanzkreis aus Soldaten und frommen *Chassidim.* Während der neunzehn Jahre seit dem Tod meiner beiden Söhne habe ich fast nie getanzt. Doch diesmal tanze ich mit einem den Himmel erschütternden Lied auf den Lippen: »Laß den Tempel wieder aufgebaut werden, die Stadt von Zion erfüllt sein ...«
Jetzt ist *Shavuot* 5727. Genau zwanzig Jahre sind vergangen und ich mache mich auf eine Rundreise durch die ganze Altstadt. Ich will die Ruinen unserer herrlichen Synagogen ehren, zerstört von den Händen der Söhne Ismaels. Dieselbe Frage, wie in den Tagen des biblischen Nehemia, stellt sich wieder: »Sollen diese Steine wieder zum Leben erwachen, heraus aus den Haufen von Schutt? Die Geduld läßt nach, und der Staub ist überall ...«
Später gehe ich zu dem Ort, an dem wahrscheinlich mein Sohn Yaakov begraben liegt, neben Dutzenden anderer, die 1948 für Jerusalem gefallen sind. Dort sage ich dann, so viele Jahre danach, den *Kaddish* noch einmal.
»Am Ende der Tage wird er unseren Messias senden ... Der Herr, in all seiner Güte, wird die Toten zum Leben erwecken. Gelobt sei sein Name für immer und ewig.«[176]

Wir können aufgrund dieser Geschichte des Leidens und der Hoffnung nachempfinden, daß die Rückeroberung der Altstadt während und als Resultat des Sechstagekrieges eines der dramatischsten Ereignisse in der Geschichte des jungen Staates ist – nach den Aussagen der Bibel, ein Ereignis, das weltweite Auswirkungen haben wird.

Selbst wenn das gesamte »Westjordanland«, die Golanhöhen und der Gazastreifen um des Friedens willen an die Araber zurückgegeben würden – würde doch nicht Friede werden. Warum? Weil kein Moslem oder moslemischer Araber sich jemals damit abfinden würde, daß die Stadt Jerusalem in den Händen der jüdischen Ungläubigen ist. Dies wäre, ihrer Ansicht nach, ein Affront gegen Allah.

Die Propheten haben vorhergesehen, daß das Volk Israel am Ende in sein Land zurückkehren wird. Ebenso haben sie vorausgesagt, daß Jerusalem zu einem Stolperstein für alle Völker werden wird. Genau das ist heute bereits teilweise geschehen.

Kaum eine Nation wagt, ihre Botschaft in dieser Stadt – der Hauptstadt Israels – anzusiedeln. Das deutet darauf hin, daß kaum eine Nation willens und bereit ist, Israels Recht auf diese Stadt als seine vereinigte Hauptstadt wirklich zu unterstützen.

Die Saat der Auseinandersetzung ist, genau wie es die Bibel prophezeit hat, in dieser Stadt gelegt. Sie wird, in Übereinstimmung mit den Propheten, auch wieder in ihr aufgehen.

Die Nationen werden Israels Anspruch auf Jerusalem nicht anerkennen und sich deswegen gegen Israel wenden. Gott aber wird seinen Zorn über alle die Nationen ausgießen, die es wagen, gegen diese Stadt heraufzuziehen.

> »Zur selben Zeit will ich Jerusalem machen zum Laststein für alle Völker. Alle, die ihn wegheben wollen, sollen sich daran wund reißen; denn es werden sich alle Völker auf Erden gegen Jerusalem versammeln« (SACHARJA 12,3).

> »Und zu der Zeit werde ich darauf bedacht sein, alle Heiden zu vertilgen, die gegen Jerusalem gezogen sind. (SACHARJA 12,9).

Wenngleich sich die Weltmeinung gegen Israel verhärtet, werden doch Christen aus den Nationen vermehrt zu seiner Hilfe kommen. Beide Entwicklungsrichtungen sind von den Propheten ganz eindeutig vorhergesagt. Beide zeichnen sich bereits in unserer Zeit ab!

»So spricht der Herr Zebaoth: Es werden noch viele Völker kommen und Bürger vieler Städte, und die Bürger einer Stadt werden zur andern gehen und sagen: Laßt uns gehen, den Herrn anzuflehen und zu suchen den Herrn Zebaoth; wir selber wollen hingehen. So werden viele Völker, Heiden in Scharen, kommen, den Herrn Zebaoth in Jerusalem zu suchen und den Herrn anzuflehen. So spricht der Herr Zebaoth: Zu der Zeit werden zehn Männer aus allen Sprachen der Heiden **einen** jüdischen Mann beim Zipfel seines Gewandes ergreifen und sagen: Wir wollen mit euch gehen, denn wir hören, daß Gott mit euch ist« (SACHARJA 8, 20-23).

So wird Jerusalem zunehmend zum Stolperstein und zum Streitpunkt werden. Am Ende wird es zwei vollkommen entgegengesetzte Reaktionen unter den Menschen verursachen: Einerseits heftigste Ablehnung, andererseits tiefste Anteilnahme.

Diejenigen, die sich gegen Jerusalem und gegen Israel wenden, werden sich selbst schwer verwunden, wie es bereits der Psalmist vorausgesehen hat:

»Ach daß zuschanden würden und zurückwichen alle, die Zion gram sind! Ach daß sie würden wie das Gras auf den Dächern, das verdorrt, ehe man es ausrauft ... und keiner, der vorübergeht, soll sprechen: Der Segen des Herrn sei über euch! Wir segnen euch im Namen des Herrn« (PSALM 129, 5-6.8).

Aber dann wird Gott diejenigen segnen, die für Jerusalem beten und sein Wohl und das Wohl des Volkes Israel anstreben.

»Wünschet Jerusalem Glück [wörtl.: Betet für den Frieden Jerusalems (Anmerkung des Übersetzers)]! Es möge wohl gehen denen, die dich lieben! Es möge Friede sein in deinen

Mauern und Glück in deinen Palästen! Um meiner Brüder und Freunde willen will ich dir Frieden wünschen. Um des Hauses des Herrn willen, unseres Gottes, will ich dein Bestes suchen« (PSALM 122, 6-9).

Genau das hatten wir auf dem Herzen und wollten es praktisch tun, als einige von uns, die wir als Christen in Israel leben, sahen, daß die Nationen Israels Recht auf seine vereinigte Hauptstadt ablehnten. Als Antwort auf die allseitige Ablehnung Jerusalems eröffneten wir die Internationale Christliche Botschaft an jenem sonnigen 30. September 1980 und erklärten mit etwa tausend Christen aus verschiedenen Nationen und Kirchen in der Gegenwart des Bürgermeisters von Jerusalem:

Lieber Teddy Kollek,

wir sind hier aus vielen verschiedenen Nationen und glauben, daß wir Millionen von Christen repräsentieren, die jetzt gerne mit uns hier wären.
Wir sind dankbar, daß wir hier sein und im Namen dieser Menge sagen dürfen: Wir stehen in dieser Zeit zu euch. Wir lieben euch und wir beten für eure Stadt, in der eines Tages der Messias sein Königreich des Friedens und der Gerechtigkeit aufrichten wird.
Diese letzten Wochen waren sicher nicht einfach für Sie. Sie haben gesehen, wie eine Botschaft nach der anderen Jerusalem verlassen hat. Dabei arbeiten Sie hart daran, aus Jerusalem einen Ort zu machen, in dem sich alle gegenseitig respektieren und in dem alle in Freiheit unter dem einen Dach dieser ewigen Stadt leben können.
Sie haben sehr, sehr hart gearbeitet, und zum ersten Mal seit Jahren war Jerusalem eine offene Stadt, in der alle Religionen ihren Verpflichtungen in Freiheit nachgehen können. Hier lag nichts im Argen, als im Rahmen der letzten UNO-

Resolution gesagt wurde, daß Jerusalem eine Stadt sein solle, in der alle Religionen ihren Glauben in Freiheit praktizieren können sollen. Was allerdings im Argen liegt, ist die Tatsache, daß die UNO nicht zugegeben hat, daß diese Rechte allen zugestanden werden, seit die Stadt vor dreizehn Jahren unter Israel vereinigt wurde! Diese Tatsache zu verschweigen und so zu tun, als existiere sie nicht, war eine große Verdrehung der Tatsachen. Aber wir wissen es besser.
Heute eröffnen wir in dieser, Ihrer Stadt, die Internationale Christliche Botschaft. Weil wir an Gott, an den Gott Israels, und an die Verheißungen seines Buches, der Bibel, glauben, werden wir in Jerusalem bleiben, um für seinen Frieden zu beten und zu seinem Wohl zu wirken, in der Gewißheit, daß am Ende alles gut werden wird.
Möge diese Internationale Christliche Botschaft ein Zeichen der Hoffnung sein; Hoffnung für Ihr Volk, und Hoffnung für Ihre Stadt, so daß sie eines Tages zu dem werden möge, wozu sie schon immer unter der Herrschaft Israels bestimmt war – zum Tagesanbruch für die gesamte Menschheit.

Aber warum ist die Stadt so wichtig – nicht nur für die Juden – sondern für jeden in der Welt, der die Schrift ernst nimmt?

Jerusalem bedeutet aus dem Hebräischen übersetzt »die Stadt, die im Besitz des Friedens ist.« In anderen Worten: Jerusalem besitzt ganz einzigartig, wie keine andere Stadt, den Schlüssel zum Frieden in dieser Welt. New York kann behaupten, das Gebäude der Vereinten Nationen zu besitzen. Aber am Ende wird es weder von New York und auch nicht von der Schweiz, von Genf, ausgehen, wenn die Nationen schließlich lernen werden, in Frieden und Gerechtigkeit miteinander zu leben. Es wird in und von Jerusalem aus geschehen. Alle Propheten sahen diesen Tag der vollkommenen Herrlichkeit, des Friedens und der Gerechtigkeit in diese Welt und zur Menschheit von dieser Stadt her kommen, die von den Nationen am meisten verachtet wird – Jerusalem. Gott wird sie noch emporheben und sie zu einem hellen Licht für die Herrscher der Welt machen, wie es der Prophet Jesaja so wunderbar beschrieben hat: »Mache dich auf, werde licht; denn dein Licht kommt, und die Herrlichkeit des Herrn geht auf über dir! Denn siehe, Finsternis bedeckt das Erdreich und Dunkel die Völker; aber über dir geht auf der Herr und seine Herrlichkeit erscheint über dir. Und die Heiden werden zu deinem Lichte ziehen und die Könige zum Glanz, der über dir aufgeht. Hebe deine Augen auf und sieh umher: Diese alle sind versammelt und kommen zu dir. Deine Söhne werden von ferne kommen und deine Töchter auf dem Arme hergetragen werden ... Es werden gebückt zu dir kommen, die dich unterdrückt haben, und alle, die dich gelästert haben, werden niederfallen zu deinen Füßen und dich nennen »Stadt des Herrn«, »Zion des Heiligen Israels« (Jesaja 60,1-4.14).

Das ganze Kapitel Jesaja 60 ist so majestätisch – so wunderschön – so voll von der unvorstellbaren Zukunft, die Gott für sein Volk und dessen Stadt bereitet hat, daß es eigentlich im Ganzen gelesen werden sollte. Tatsächlich gibt es viele dieser zukunftsweisenden Abschnitte in der Bibel – Abschnitte über die unbegreifliche Zukunft, die auf die Welt zukommt durch die Ereignisse, die sich bald in und um Jerusalem ereignen werden. Deshalb ist es schwierig, die vollkommene Blindheit oder auch den schieren Unwillen unter vielen zu sehen, die sich selbst Christen nennen. Sie sehen es noch immer nicht, obwohl es doch so eindeutig und an so vielen Stellen in der Bibel ausgesprochen ist!

Aber hier wird es wiederum entweder Babylon oder Jerusalem sein, dem die Menschen ihren Treueeid leisten. Die eine wird erscheinen, um Frieden und Einheit zu versprechen, um aber dann doch ihr Ende in Krieg und Zerstörung zu finden. Die andere scheint Spaltung und Krieg zu bringen, was aber schließlich in einer neuen Epoche des Friedens und der Gerechtigkeit für die gesamte Menschheit resultieren wird. Die eine wird auf menschliche Genialität und Anstrengungen gegründet sein, die andere auf Gottes Weisheit und Kraft. Der Mensch wird sich entscheiden müssen, auf welchen Plan und welche Stadt er sein Vertrauen setzen wird.

> »Ja, der Herr baut Zion wieder und erscheint in seiner Herrlichkeit« (PSALM 102,17).

In den langen Jahren der jüdischen Geschichte tat Gott immer etwas Bemerkenswertes in der Welt, wenn das jüdische Volk heimkehrte. Wie Claude Duvernoy beobachtete:

> Als sie aus Ägypten heimkehrten – kam Gott auf den Sinai herab und machte seinen Bund mit seinem Volk im Feuer und Donner.
> Dann kehrten sie aus Babylon zurück und Jesus wurde geboren in Bethlehem. Der Neue Bund wurde geschlossen, der auch die Heiden mit einschloß, die zum Glauben kommen würden.
> In diesen Tagen ist das jüdische Volk zum dritten Mal heimgekehrt, nachdem es beinahe 2000 Jahre lang durch die ganze Welt gewandert ist. Was wird dieses Mal nicht passieren? Der Psalmist sagt es – »Er wird erscheinen in Herrlichkeit, wenn er Zion wieder aufbaut!«

Jedesmal, wenn die Juden heimkamen, waren die Feinde sehr aktiv. Da war der böse PHARAO, der dazu benutzt wurde, zu versuchen, das erste Heimkommen zu verhindern. Da war der ehrgeizige HAMAN voll bösen

Geistes, der beinahe alle Juden auslöschte, bevor sie das zweite Mal nach Hause kommen konnten aus Medien und Persien. Allerdings wurden seine üblen Ziele durch die Gebete und das Fasten aller Juden unter der Leitung von MORDECHAI und ESTER durchkreuzt.

Dann, in der jüngsten Geschichte, waren da ADOLF HITLER und die Nazis, die – wiederum – dazu benutzt wurden, zu versuchen die dritte und wichtigste Rückkehr der Juden zu verhindern. Indem er beinahe alle europäischen Juden abschlachtete, hatte der Teufel dieses Mal beinahe Erfolg. Trotzdem erhielt Gott einen Überrest und brachte sie in ihr Land für den größten Augenblick in ihrer Geschichte.

So hat jede Heimkehr des jüdischen Volkes nicht nur einen enormen Segen für die Menschheit bedeutet, sondern jeder Rückkehr ging auch ein furchtbarer Angriff voraus, der sie verhindern sollte.

Am 7. Juni 1967 fiel die Altstadt wieder in die Hände des jüdischen Volkes und wurde mit Westjerusalem wieder vereinigt. MOSCHE DAYAN sagte bei seiner Ankunft an der Westmauer: »Wir strecken unsere Hände allen Ernstes unseren arabischen Brüdern im Frieden entgegen, aber wir sind nach Jerusalem zurückgekehrt und werden uns nie wieder von ihm trennen.«

Israelis weinten und hatten geistliche Erfahrungen angesichts der Altstadt, und besonders angesichts der Westmauer.

Aber hat Gott das jüdische Volk zurückgeführt, um seiner langen Geschichte ein Ende zu bereiten, damit sie für immer an diesem Stück Mauer stehen und beten – wie hoch bedeutsam diese letzte verbleibende Außenmauer des herrlichen Tempels auch war?

Kein denkender Mensch kann glauben, daß das letzte Ziel nach beinahe 2000 Jahren der Zerstreuung und unsäglicher Leiden, Verfolgungen, Demütigungen, Massaker, Qualen und Kriege sein würde, daß die Juden für immer an einem Teil einer Mauer stehen würden, um ihre Sehnsucht und Reise dort zu beenden. Gott hat sie sicherlich nicht nur hierfür zurückgebracht.

So entscheidend und wichtig es auch gewesen sein mag, daß Jerusalem und das Land Israel als Resultat des Sechstagekrieges wiedervereinigt wurden, es gibt doch noch immer keinen Tempel. Den Juden wird von den Moslems verboten, auf den Tempelberg zu gehen, verboten, selbst auf diesem Berg des Herrn, auf dem Gott im Allerheiligsten gewohnt hatte, zu beten.

Die Moslems beanspruchen den Berg ausschließlich für sich selbst und untersagen Juden oder Christen, dort zu beten. Die orthodoxen Rabbis wollen aus Respekt vor dem Ort, an dem einst der Tempel und besonders das Allerheiligste gestanden hat nicht, daß ihre Leute auf den Berg gehen, aus Sorge, sie könnten aus Versehen auf das Rechteck treten, auf dem einst das Allerheiligste war.

Allerdings gibt es viele Israelis, die beten, hoffen und auf Gott sehen, daß er die Herrlichkeit seiner Gegenwart wieder zurück auf den Berg bringen möge, wenn sein Haus wieder aufgebaut werden wird als Antwort auf die vielen Gebete durch die Jahrhunderte in so vielen Synagogen in der ganzen Welt.

Eines Tages, während der Laubhüttenfestfeier 1985, sprach Bürgermeister Teddy Kollek vor dem Hintergrund eines Gemäldes von Jerusalem, in das der neue Tempel aufgenommen worden war, von dem die Bibel sagt, daß er eines Tages auf dem Tempelberg errichtet werden wird.

Bei der Begrüßung der Tausende von Christen im überfüllten Auditorium der *Binyanei Ha'Uma* sagte er:

> Danke, daß Sie gekommen sind, daß Sie jedes Jahr so treu hierherkommen. Ihr Glaube gibt uns Kraft ... Ich freue mich, daß ich vor dem Hintergrund dieses wunderbaren Gemäldes von Jerusalem sprechen darf. Das ist noch nicht das heutige Jerusalem. Wenn Sie genau hinsehen, werden Sie feststellen, daß der Tempel, das Allerheiligste, wieder aufgebaut ist! Wir glauben, daß der Messias kommen wird; Sie glauben, daß er wiederkommen wird; er wird alle Schwierigkeiten überwinden. Er wird kommen, wenn wir beten. Wir alle hoffen, daß es bald sein wird. In der Zwischenzeit freuen wir uns über Ihr Kommen jedes Jahr, durch das Sie Ihrem und unserem Glauben Ausdruck verleihen ... Unsere Rückkehr ist das erste Zeichen dafür, daß diese Stadt wieder einmal so existieren wird, wie es auf diesem Gemälde dargestellt ist!

Dies waren nicht Worte eines ultraorthodoxen Juden oder übereifrigen Christen – dies waren die Worte des freundlichen Bürgermeisters von Jerusalem, TEDDY KOLLEK, eines Mannes, der bekannt ist für seinen Gerechtigkeitssinn und seine Fairness allen religiösen Gruppierungen dieser Stadt gegenüber. Wir wissen, wie viele Israelis auch, daß die Rückkehr nach Israel erst der erste Schritt war – die Rückkehr 1967 nach Judäa und Samaria, zur Westmauer und zur Altstadt war der zweite Schritt auf dem Weg zur Erfüllung aller Verheißungen, die Gott seinem Volk durch die Propheten gegeben hat.

Wir wollen noch auf die Worte des ehemaligen Mitglieds der Knesset, GEULA COHEN, hören, die er nach dem britischen Rückzug aus Palästina geschrieben hat:

> Infolge des Berichtes des UNO-Sonderkomitees über Palästina, der die Aufteilung des Landes in zwei separate jüdi-

sche und arabische Staaten empfahl, kündigten die Briten ihren Rückzug an ... Selbst wenn der Feind seinen Rückzug nicht nur aus Palästina, sondern aus dem gesamten verheißenen Land, von den Grenzen des Nils bis an die Ufer des Euphrats, angekündigt hätte, hätte das nicht das Ende des Krieges der Erlösung bedeutet, den wir kämpfen. Die Befreiung des Heimatlandes war für uns niemals einfach eine Frage des Bodens unter unseren Füßen gewesen, sondern auch die Frage eines göttlichen Imperativs über unser Leben.

Gemeinsam mit YAIR hatten wir geschworen: »Wir sind Soldaten Israels für das Leben«, und wir hatten gelobt, daß es kein Leben für Israel geben könne ohne ein Königreich Israel, dessen Bedeutung in einem andauernden Opfer in den Bereichen der Heiligkeit und der Schöpfung liegt. Gemeinsam mit YAIR haben wir gesungen: »Nur der Tod kann uns aus unserem Dienst befreien« ... Irgendwo jenseits des kühlen Verstandesmäßigen hatten wir geglaubt, daß mit dem Verlassen des letzten britischen Soldaten messianische Zeiten im Land anbrechen würden. Jetzt waren die Briten heimgegangen; der Schleier war gefallen, aber kein Messias stand dahinter ... Wenn der Messias noch nicht in Sicht war, dann konnte das nur daran liegen, daß der Schleier noch gar nicht gefallen war.[177]

Wie tief dieses Gefühl in den Herzen zahlreicher – auch sogenannter säkularer – Israelis verwurzelt ist, ist vielen heute verborgen. Man muß aber nur einigen aus dem israelischen Volk zuhören, um festzustellen, wie weitreichend dies unterschwellig verbreitet ist. Wir werden sicher einige der erstaunlichsten Ereignisse in und um Jerusalem in den kommenden Jahren sehen. Trotz der bösen Absichten von Menschen und Nationen, die dem Plan Gottes widersprechen, wird er doch vollkommen und ohne Abstriche zum Ziel kommen.

Wie der Psalmist sagt:

»Warum toben die Heiden
und murren die Völker so vergeblich?
Die Könige der Erde lehnen sich auf,
und die Herren halten Rat miteinander
wider den Herrn und seinen Gesalbten:
›Lasset uns zerreißen ihre Bande
und von uns werfen ihre Stricke!‹
Aber der im Himmel wohnt, lachet ihrer,
und der Herr spottet ihrer.
Einst wird er mit ihnen reden in seinem Zorn,
und mit seinem Grimm wird er sie schrecken:
›Ich aber habe meinen König eingesetzt auf meinem heiligen Berg Zion.‹
Kundtun will ich den Ratschluß des Herrn.
Er hat zu mir gesagt:
›Du bist mein Sohn, heute habe ich dich gezeugt.
Bitte mich, so will ich dir Völker
zum Erbe geben
und der Welt Enden zum Eigentum.
Du sollst sie mit einem eisernen Zepter zerschlagen,
wie Töpfe sollst du sie zerschmeißen.‹
So seid nun verständig, ihr Könige,
und laßt euch warnen, ihr Richter auf Erden!
Dienet dem Herrn mit Furcht
und küßt seine Füße mit Zittern,
daß er nicht zürne
und ihr umkommt auf dem Wege;
denn sein Zorn wird bald entbrennen.
Wohl allen, die auf ihn trauen!« (Psalm 2)

Und David schreibt in Psalm 132:

»Denn der Herr hat Zion erwählt, und es gefällt ihm, dort zu wohnen. ›Dies ist die Stätte meiner Ruhe ewiglich; hier will ich wohnen, denn das gefällt mir. Ich will ihre Speise segnen und ihren Armen Brot genug geben. Ihre Priester will ich mit Heil kleiden, und ihre Heiligen sollen fröhlich sein. Dort soll dem David aufgehen ein mächtiger Sproß, ich habe meinem Gesalbten eine Leuchte zugerichtet; seine Feinde will ich in Schande kleiden, aber über ihm soll blühen seine Krone‹.« (PSALM 132,13-18).

Im Lichte dieser wunderbaren Worte ist klar, daß die Erlösung Israels und Gottes Plan mit seinem Volk sicherlich nicht an der »Klagemauer« enden wird.

2000 Jahre des Leidens und der Demütigung, der Gebete und der Hoffnung werden nicht an der Klagemauer ein Ende finden. Gott wird ihnen, wie er es verheißen hat, alles wiederherstellen, ob es den Nationen gefällt oder nicht. Dessen können wir gewiß sein. Wie er es geschehen läßt, liegt bei ihm, aber wir werden sicherlich erstaunliche Entwicklungen in naher Zukunft beobachten können.

Er hat es alles in seinem Wort durch die Propheten der Vorzeit verheißen, und wie er den ersten Teil erfüllt hat, so wird er auch den Rest erfüllen, so daß die Nationen, wie widerwillig auch immer, zu der Erkenntnis kommen, daß er – nach allem was geschehen ist – Gott ist! Wie Gott durch HESEKIEL sagt:

»Und sie sollen wieder in dem Lande wohnen, das ich meinem Knecht Jakob gegeben habe, in dem eure Väter gewohnt haben. Sie und ihre Kinder und Kindeskinder sollen darin wohnen für immer, und mein Knecht David soll für immer ihr Fürst sein. Und ich will mit ihnen einen Bund des Friedens schließen, der soll ein ewiger Bund mit ihnen sein. Und ich will sie erhalten und mehren, und mein Heiligtum soll unter ihnen sein für immer. Ich will unter ihnen wohnen und will ihr Gott sein, und sie sollen mein Volk sein, damit auch die Heiden erfahren, daß ich der Herr bin, der Israel heilig macht, wenn mein Heiligtum für immer unter ihnen sein wird« (HESEKIEL 37,25-28).

7. Der Tempelberg

Als die Frage des Tempelberges in den Vereinten Nationen diskutiert wurde, verurteilten die islamischen Staaten jede religiöse Nutzung dieses Areals durch die Juden aufs schärfste. Damals sandten wir folgende Erklärung an den derzeitigen Botschafter Israels bei den Vereinten Nationen, BENJAMIN NETANYAHU:

> Die Internationale Christliche Botschaft Jerusalem hofft und betet dafür, daß der Tag bald kommen wird, an dem der Tempelberg – oder wie ihn die Bibel nennt, der Berg des Herrn – nicht länger ein Grund für religiöse Zertrennung ist, sondern ein Ort, an dem sich die ganze Menschheit vereinigt, um Gott in Übereinstimmung mit seinem erklärten Willen anzubeten.
>
> Die Bibel sieht diesen Tag kommen, an dem alle Nationen unabhängig von Rasse oder Hautfarbe zum Berg des Herrn strömen werden, und sagt: »Sein Haus soll ein Bethaus sein für alle Völker.«
>
> Es steht sowohl der biblischen als auch der historischen Wahrheit entgegen, wenn die Moslems den Tempelberg als ihren alleinigen Besitz fordern und nur den Anhängern ihres eigenen Glaubens erlauben, dort zu beten.
>
> Die Internationale Christliche Botschaft verleiht der Hoffnung Ausdruck, daß dieser Berg künftig nicht unter dem Alleinanspruch einer einzigen Gruppe oder Religion stehen wird, so als sei er ihr alleiniger Besitz. Vielmehr soll der Tempelberg unter der Herrschaft Gottes zum herrlichsten Ort der Erde werden, zu dem die ganze Menschheit hinaufzieht, um die Wege des Herrn zu lernen und am Schemel seiner Füße anzubeten, wie schon der Prophet MICHA sagte:

In den letzten Tagen aber wird der Berg, darauf des Herrn Haus ist, fest stehen, höher als alle Berge und über die Hügel erhaben. Und die Völker werden herzulaufen, und viele Heiden werden hingehen und sagen: Kommt, laßt uns hinauf zum Berge des Herrn gehen und zum Hause des Gottes Jakobs, daß er uns lehre seine Wege und wir in seinen Pfaden wandeln! Denn von Zion wird Weisung ausgehen und des Herrn Wort von Jerusalem. Er wird unter großen Völkern richten und viele Heiden zurechtweisen in fernen Landen. Sie werden ihre Schwerter zu Pflugscharen und ihre Spieße zu Sicheln machen. Es wird kein Volk wider das andere das Schwert erheben, und sie werden hinfort nicht mehr lernen, Krieg zu führen.
(MICHA 4,1-3)

Anfang unseres Jahrhunderts betrachteten die Moslems die Klagemauer als ihr Eigentum und störten die Juden, die dort beten wollten. Heute benutzen sie den Tempelberg dazu, ihre Glaubensgenossen zum Mord an Juden aufzuhetzen. Vielleicht werden sie eines Tages zu dem Schluß kommen, den sie auch in bezug auf die Westmauer akzeptiert haben, daß es unmöglich ist, wider den Stachel zu löcken und sich gegen Gott aufzulehnen. Im Moment sind sie jedoch Juden gegenüber, die auf dem jüdischen Tempelberg beten wollen, genauso intolerant, wie sie es in den zwanziger Jahren gegenüber denen waren, die an ihrer eigenen Mauer oder *Kotel* beten wollten.

Vom Jahr 1920 an wurde während der Gebetszeit bewußt ein Muezzin in der Nähe [der Kotel] postiert, um die jüdischen Beter mit seinen lauten Gebetsaufforderungen zu stören. Vieh wurde durch die engen Straßen, die zur Mauer führten, getrieben.
Die gespannte Situation entlud sich am Yom Kippur 1928. Die Araber entfernten eine Stofftrennwand, die nach jüdischer Tradition Männer und Frauen während des Gebets trennte.

Der darauf folgende Protest gegen diesen Akt der Intoleranz schürte den Zorn der Moslems und führte zu blutigen anti-jüdischen Unruhen, die im Massaker an den Juden von Hebron ihren Höhepunkt fanden. 1930 wurde mit Zustimmung des Völkerbundes von den britischen Behörden eine Untersuchungskommission eingesetzt. In seinem Plädoyer vor dieser Kommission sagte der Sprecher der Juden:
»Seit zweitausend Jahren steht dieses Volk im Freien. In der Hitze der Sonne und im Regen des Winters schüttet es sein Herz vor dem Gott des Himmels aus. Jetzt wird ihm selbst dieses armselige Recht streitig gemacht.«
Die Moslems argumentierten, daß die Mauer ihr Eigentum sei, und daß sich »Moslems keinerlei Urteilsspruch unterwerfen, der ihren Glauben betrifft, auch wenn dieser von aller Welt unterstützt würde«.[178]

So ist Jerusalem nicht nur allgemein als unteilbare, ewige Hauptstadt Israels von Bedeutung, wie wichtig auch das schon an sich ist. Viel mehr steht im Zusammenhang mit dem Schicksal dieser Stadt auf dem Spiel. Dieses Schicksal ist in jeder Hinsicht mit dem Ort verbunden, den der Herr seinen Heiligen Hügel nennt, auf dem er für immer in der Mitte seines Volkes wohnen möchte.

Es ist dieser Hügel – »der Berg des Herrn« – der die Einzigartigkeit und Heiligkeit Jerusalems begründet. Wie einmal jemand sagte: »Dies ist das entscheidendste Grundstück auf der ganzen Welt.«

Jerusalem leitet seine Heiligkeit von diesem Hügel und von dessen künftiger Bestimmung ab. Die Tatsache, daß diese Stadt drei Religionen heilig ist, ist zweitrangig.

Niemand, wirklich niemand, der nicht bereit ist, die letzte Bestimmung dieses Berges in Betracht zu ziehen, wird jemals die eigentliche Bedeutung Jerusalems erfassen können.

König DAVID ist ein wunderbares Beispiel für einen Menschen, der ein wenig vom majestätischen Wesen dieses Berges verstanden hat. In seinen Tagen befand sich auf ihm die Stiftshütte des Herrn, in der die Bundeslade im Allerheiligsten ihren Platz hatte. Gewöhnlich war DAVID viele Stunden dort, manchmal auch während der Nacht.

Seine Liebe zu Jerusalem, die in den Psalmen zum Ausdruck kommt, hatte ihren Ursprung vor allem in der Erkenntnis, daß diese Stadt die Wohnung des Herrn ist. Des Herrn, den er als Hirtenjunge kennengelernt und zu dessen Lob er so viele Stunden gesungen hatte. Darin lag die Besonderheit dieser Stadt begründet, für ihn und später für das ganze Haus Israel, wenn es hinaufzog nach Jerusalem, um die drei großen Feste zu feiern. Die Wallfahrten wurden nicht nur deshalb unternommen, weil Jerusalem unter König DAVID und später unter König SALOMO die Hauptstadt des Reiches war, sondern in dem Bewußtsein, daß hier DER wohnte, der als Gott Israels verehrt wurde.

Viele der PSALMEN DAVIDS können allein aus diesem Blickwinkel verstanden werden. Für DAVID war Jerusalem nicht einfach nur eine fantastische, wunderschöne Stadt; die Hauptstadt seines Königreiches. Sie war auch nicht einzig deshalb hervorragend, weil dort die Stiftshütte (und später der Tempel des Herrn) stand.

Der allerwichtigste Grund für die Einzigartigkeit Jerusalems war der Herr, der dort wohnte. Es ist erstaunlich, daß der Prophet den Tag kommen sah, an dem diese Worte zum eigentlichen Namen Jerusalems werden würden, weil sie den ganz besonderen Charakter dieser Stadt umschreiben: »Und alsdann soll die Stadt genannt werden ›HIER IST DER HERR‹ « (Hesekiel 48,35).

So sagt Gott auch durch SACHARJA:

»Ich will mich wieder Jerusalem zuwenden mit Barmherzigkeit, und mein Haus soll darin wieder aufgebaut werden, spricht der Herr Zebaoth, und die Meßschnur soll über Jerusalem gespannt werden« (SACHARJA 1,16).
»... Jerusalem soll ohne Mauern bewohnt werden wegen der großen Menge der Menschen und des Viehs, die darin sein wird. Doch ich will, spricht der Herr, eine feurige Mauer rings um sie her sein und will mich herrlich darin erweisen« (SACHARJA 2,8-9).

Und dann:

»Freue dich und sei fröhlich, du Tochter Zion! Denn siehe, ich komme und will bei dir wohnen, spricht der Herr ... Und der Herr wird Juda in Besitz nehmen als sein Erbteil in dem heiligen Lande und wird Jerusalem wieder erwählen« (SACHARJA 2,14.16).

»Und es werden kommen von ferne, die am Tempel des Herrn bauen werden« (SACHARJA 6,15).

»Ich eifere für Zion mit großem Eifer und eifere um seinetwillen in großem Zorn. So spricht der Herr: Ich kehre wieder auf den Zion zurück und will zu Jerusalem wohnen, daß Jerusalem eine Stadt der Treue heißen soll und der Berg des Herrn Zebaoth ein heiliger Berg« (SACHARJA 8,2-3).

So ist Jerusalem nicht nur als heilige Stadt für drei Religionen außergewöhnlich. Auch nicht deshalb, weil sie die Hauptstadt Israels ist. Die Einzigartigkeit dieser Stadt liegt darin begründet, daß sie ganz gewiß Gottes Wohnort ist. Zwar haben er und seine *shekinah*-Gegenwart sie für eine lange Zeit verlassen. Aber er verspricht doch immer und immer wieder, nach Jerusalem zurückzukehren – in der Person des Davidssohnes, des messianischen Königs, der buchstäblich in dieser Stadt seine Herrschaft aufrichten wird. Er wird der Anziehungspunkt sein, der all die Herrscher und Völker dieser Welt in diese Stadt – die dann hoch erhoben sein wird als hoher Berg – ziehen wird, um die Wege des Herrn zu lernen.

> »Denn der Herr hat Zion erwählt, und es gefällt ihm, dort zu wohnen. ›Dies ist die Stätte meiner Ruhe ewiglich; hier will ich wohnen, denn das gefällt mir‹« (PSALM 132, 13 - 14). »Es wird zur letzten Zeit der Berg, da des Herrn Haus ist, fest stehen, höher als alle Berge und über alle Hügel erhaben, und alle Heiden werden herzulaufen, und viele Völker werden hingehen und sagen: Kommt, laßt uns auf den Berg des Herrn gehen, zum Hause des Gottes Jakobs, daß er uns lehre seine Wege und wir wandeln auf seinen Steigen! Denn von Zion wird Weisung ausgehen und des Herrn Wort von Jerusalem. Und er wird richten unter den Heiden und zurechtweisen viele Völker. Da werden sie ihre Schwerter zu Pflugscharen und ihre Spieße zu Sicheln machen. Denn es wird kein Volk wider das andere das Schwert erheben, und sie werden hinfort nicht mehr lernen, Krieg zu führen« (JESAJA 2, 2 - 4).

Diese Verse sind eine so klare und herrliche Beschreibung dieser wundervollen Zukunft, die noch immer vor Jerusalem liegt. Der Brennpunkt ist der bald kommende König und Messias. Das Haus des Herrn wird auf dem Berg des Herrn wieder aufgebaut werden!

Alle Nationen werden hinaufziehen, sagt der Prophet. Es wird zur letzten Zeit sein. Das Ergebnis wird Frieden und Gerechtigkeit in der Welt sein. Keine dieser Voraussagen ist bis heute jemals in der Geschichte Jerusalems verwirklicht worden! So müssen wir entweder zu dem Schluß kommen, daß der Prophet phantasiert hat. Oder aber er sah etwas derart Großes und Allumfassendes, daß niemand in der Lage sein wird, es zu ignorieren.

Diese Vision *ist* allumfassend. Für das Schicksal Jerusalems zu beten, heißt, für die Erlösung des ganzen Planeten Erde zu beten. So verwundert es nicht, wenn JESAJA sagt:

> »Um Zions willen will ich nicht schweigen, und um Jerusalems willen will ich nicht innehalten, bis seine Gerechtigkeit aufgehe wie ein Glanz und sein Heil brenne wie eine Fackel, daß die Heiden sehen deine Gerechtigkeit und alle Könige deine Herrlichkeit. Und du sollst mit einem neuen Namen genannt werden, welchen des Herrn Mund nennen wird ... O Jerusalem, ich habe Wächter über deine Mauern bestellt, die den ganzen Tag und die ganze Nacht nicht mehr schweigen sollen. Die ihr den Herrn erinnern sollt, ohne euch Ruhe zu gönnen, laßt ihm keine Ruhe, bis er Jerusalem wieder aufrichte und es setze zum Lobpreis auf Erden!« (JESAJA 62,1-2.6-7).

Dann, und erst dann wird die Erde wieder zu einem Paradies werden – zu einem Paradies der Gerechtigkeit und des Friedens, in dem sich die Völker nicht mehr bekämpfen. Die Natur wird wieder verjüngt sein. Das Tote Meer wird zu einem Süßwassersee werden, in dem wieder Fische schwimmen können, und im Sonnenschein des Lichtes Gottes glitzern. Die Bäume werden aufblühen, und die Erde wird wieder zur Ruhe kommen. Wolf und Lamm werden beisammenliegen, und das Kind wird mit der Schlange spielen. Niemand wird einem anderen Schaden zufügen. Die Harmonie zwischen den Völkern und Menschen wird wiederhergestellt sein, und jeder wird in seinem eigenen Garten und unter seinem Feigenbaum sitzen. Alle Völker werden Jahr für Jahr voller Freude und Jubel zum Laubhüttenfest nach Jerusalem kommen, um in den Straßen zu tanzen und zu singen. Alle Hoffnungen und alles, was diejenigen erträumten, die eine bessere Welt anstrebten, wird Wirklichkeit und viel besser sein, als man es sich je denken oder vorstellen konnte.

Völker, Sprachgruppen und Stämme werden während der herrlichen Herrschaft des Messias jedes Jahr zur Stadt Jerusalem heraufkommen. Nicht nur eine farblose Masse von Menschen – sondern einzelne Völker, jedes mit seinen besonderen Farben und Charakteristika. Sie werden kommen – als Erlöste – auf den Berg des Herrn, um seinen Lobpreis zu singen, um jedes Jahr teilzunehmen an jenem wundervollen Laubhüttenfest, und um fröhlich zu sein in seiner Gegenwart. Es wird ein wunderbarer Tag sein – ein Tag des Segens für die ganze Menschheit, wie schon SACHARJA so herrlich vorhersah:

> »Und alle, die übriggeblieben sind von allen Heiden, die gegen Jerusalem zogen, werden jährlich heraufkommen, um anzubeten den König, den Herrn Zebaoth, und um das Laubhüttenfest zu halten« (SACHARJA 14,16).

In diesem Licht erscheinen die Worte eines rabbinischen Beraters aus dem Oberrabbinat Israels auf einer der internationalen christlichen Laubhüttenfestfeiern so hochbedeutsam und prophetisch:

> Ihr Besuch in der Heiligen Stadt Jerusalem, der Stadt Davids, zu dieser besonderen Zeit des Jahres ist höchst angebracht.
> Als der heilige Tempel noch in all seiner Herrlichkeit vor 2000 Jahren in Jerusalem stand, gebot der Opferdienst während des Laubhüttenfestes eine einzigartige universale Dimension. Opfer wurden nicht nur zum Wohl des jüdischen Volkes dargebracht, sondern für alle Völker der Welt … für die gesamte Menschheit.
> Bedauerlicherweise haben wir heute keinen großen Tempel

mehr, zumindest nicht in diesem Augenblick. Aber unsere Gebete und Gottesdienste in den Synagogen in allen Teilen des Landes Israel sind der Ersatz für diese Opfer. In dieser Festzeit beten wir zu G'tt für die gesamte Menschheit.
Der weiseste aller Menschen, König SALOMO, gab den Ton an für die universale Natur des Tempels. Als der erste Tempel fertiggestellt war, brachte er das folgende Gebet dar, das wir in 1. KÖNIGE, Kapitel 8, aufgezeichnet finden: »Auch wenn ein Fremder, der nicht von deinem Volk Israel ist, aus fernem Lande kommt, ... um zu diesem Haus hin zu beten, so wollest du hören im Himmel, an dem Ort, wo du wohnst, und alles tun, worum der Fremde dich anruft...«
Der Prophet JESAJA folgte dieser Tradition, als er in wunderbaren und denkwürdigen Worten, die so gut auf diese Situation zutreffen, in Kapitel 56, 6-7 sagte:
»Und die Fremden, die sich dem Herrn zugewandt haben, ihm zu dienen und seinen Namen zu lieben, damit sie seine Knechte seien ... die will ich zu meinem heiligen Berge bringen und will sie erfreuen in meinem Bethaus, und ihre Brandopfer sollen mir wohlgefällig sein auf meinem Altar; denn mein Haus wird ein Bethaus heißen für alle Völker.«

Heute morgen haben wir in unseren Synagogen, wie wir das gewöhnlich am Sabbat und an Festtagen tun, öffentlich aus den Propheten gelesen. Zufällig war der heutige Abschnitt aus dem Buch HESEKIELS, der vor ungefähr 2500 Jahren nach der leidvollen Zerstörung des ersten heiligen Tempels lebte. Er sprach von diesem ehrfurchtgebietenden Tag in der Zukunft ... wenn G'ttes Name hoch erhoben, geheiligt und bekannt sein wird in den Augen vieler Nationen. Und sie werden erkennen, daß Er G'tt ist.
Sie sind nach Jerusalem, der Hauptstadt Israels und dem geistlichen Zentrum der ganzen Welt, gekommen. Sie anerkennen G'ttes besondere Vorsehung in bezug auf die Heimkehr des jüdischen Volkes in seine alte Heimat. Deshalb unterstützen Sie den neuerstandenen jüdischen Staat Israel.
Wir begrüßen Sie mit den offenen Armen des Segens und danken Ihnen für Ihre lebenswichtige Unterstützung und

Ihre Anstrengungen für das jüdische Volk, Israel und den Zionismus. Sie lassen die Prophetie von JESAJA, Kapitel 2, zur Wirklichkeit werden:

»Es wird zur letzten Zeit der Berg, da des Herrn Haus ist, fest stehen, höher als alle Berge und über alle Hügel erhaben, und alle Heiden werden herzulaufen, und viele Völker werden hingehen und sagen: Kommt, laßt uns auf den Berg des Herrn gehen, zum Hause des G'ttes Jakobs, daß er uns lehre seine Wege und wir wandeln auf seinen Steigen! Denn von Zion wird Weisung ausgehen und des Herrn Wort von Jerusalem. Und er wird richten unter den Heiden und zurechtweisen viele Völker. Da werden sie ihre Schwerter zu Pflugscharen und ihre Spieße zu Sicheln machen. Denn es wird kein Volk wider das andere das Schwert erheben, und sie werden hinfort nicht mehr lernen, Krieg zu führen.«

Jan Willem van der Hoeven. Jahrgang 1940, ist Holländer. Sein Vater war Privatsekretär von Königin Juliana. Nach Abschluß des Studiums am *London Bible College* in England war er ab 1962 im Nahen Osten tätig, zuerst in der arabischen Welt, dann in Israel. In den siebziger Jahren diente er als Prediger am Gartengrab in Jerusalem, danach war er im Libanon, in Jordanien, Syrien und den meisten Ländern der westlichen Welt unterwegs.

Als einer der Initiatoren der christlichen Laubhüttenfestfeier, zu der jedes Jahr Tausende von Christen aus über 70 Ländern nach Jerusalem kommen, wurde er 1980 zum Mitbegründer der *Internationalen Christlichen Botschaft Jerusalem,* deren Sprecher er seitdem ist. Durch sein Engagement für Israel, auch im Rahmen der Christlichen Zionistenkongresse 1985 in Basel und 1988 in Jerusalem, sowie seine Rednertätigkeit vor christlichen, jüdischen und säkularen Zuhörern, ist er mittlerweile in der ganzen Welt bekannt.

Herr van der Hoeven ist verheiratet. Seine Frau Widad stammt aus einer christlich-arabischen Familie und wurde in Knartoum im Sudan geboren. Heute lebt das Ehepaar van der Hoeven mit seinen beiden Kindern, die beide in der israelischen Armee ihren Wehrdienst abgeleistet haben, in Jerusalem.

Die Internationale christliche Botschaft Jerusalem

Im Juli 1980 erklärte die Knesset, das israelische Parlament, Jerusalem zur ewigen und unteilbaren Hauptstadt des Staates Israel. Die arabisch-islamischen Nachbarn des jüdischen Staates drohten all den Ländern, die dieses »Jerusalem-Gesetz« anerkennen würden, mit einem Ölembargo.

Alle 13 in Jerusalem zu jener Zeit ansässigen Botschaften von zumeist »christlichen« Ländern wurden nach Tel Aviv abgezogen.

Als Reaktion darauf riefen im September 1980 verschiedene Denominationen aus 23 Ländern die *International Christian Embassy Jerusalem (ICEJ)* als Vertretung von bibelgläubigen Christen aus aller Welt in Jerusalem ins Leben. Damit sollte dem jüdischen Volk, das im Laufe der letzten zweitausend Jahre vor allem von »Christen« verfolgt und alleingelassen wurde, vermittelt werden, daß es in allen Ländern dieser Erde Christen gibt, die an die Zukunft des jüdischen Volkes glauben und sich aufgrund ihrer Bindung an die Bibel als Wort Gottes zur praktischen Liebe gegenüber dem jüdischen Volk gerufen wissen. Menachem Begin sagte als Ministerpräsident auf einer der christlichen Laubhüttenfeiern im Rückblick auf dieses Ereignis: »Ihre Entscheidung, diese Botschaft zu einer Zeit in Jerusalem einzurichten, als wir aufgrund unseres Glaubens verlassen waren, war eine mutige Tat und ein Symbol der Verbundenheit mit uns. Damit haben Sie uns das Gefühl vermittelt, daß wir nicht allein sind.«

Heute dient die *ICEJ* als Instrument, durch das Christen aus aller Welt, Israel ihre Liebe erweisen. Verschiedene Projekte in Israel unter Neueinwanderern und unter sozial Benachteiligten, Juden wie Arabern, sowie unter den bedrängten Juden in Osteuropa, legen davon Zeugnis ab. Darüber hinaus bemüht sich die *ICEJ* auch, umfassende Informationen über Land und Leute in Israel sowie die Hintergründe des Nahostkonfliktes weiterzuvermitteln. Für weitere Informationen wenden Sie sich bitte direkt an die

International Christian Embassy Jerusalem
POB 1192
91010 Jerusalem / ISRAEL

Anmerkungen

1. Gary H. Kah, *En Route to Global Occupation* (Shreveport, Louisiana: Huntington House Publisher's, 1992), S. 211.
2. Ron Chernow, *The House of Morgan* (New York: Atlantic Monthly Press, 1990)
3. *The New York Times*, 16. November 1987, S. 81.
4. Louis McFadden, *Congressional Record*, 1934, SS. 24, 26.
5. William P. Hoar, »Andrew Carnegie,« American Opinion (Dez. 1975), S. 110, zitiert in A. Ralph Epperson, *The Unseen Hand* (Tucson: Publius Press, 1985), S. 168.
6. Epperson, *Ebenda*, S. 165.
7. Chernow, *op. cit.*, SS. 719-20.
8. Chernow, *Ebenda*, S. 152.
9. Chernow, *Ebenda*, S. 153.
10. Chernow, *Ebenda*, S. 206.
11. Chernow, *Ebenda*, S. 206.
12. Epperson, *op. cit.*, S. 168.
13. Epperson, *Ebenda*, S. 292.
14. Epperson, *Ebenda*, S. 167.
15. Frederick Lewis Allen, *Life Magazine* (25. April 1949).
16. Pat Robertson, *The New World Order* (Dallas: Word Publishing, 1991), S. 66.
17. James Perloff, *The Shadows of Power* (Belmont: Western Islands Publishers, 1988), S. 29.
18. Perloff, *Ebenda, S.* 31.
19. William Greider, *Secrets of the Temple* (New York: Touchstone, 1989), S. 159.
20. Greider, *Ebenda, S.* 135.
21. Perloff, *op. cit.*, S. 72.
22. Gary Allen, »Stop The Bank Gang,« *American Opinion* (Feb. 1979), S. 12, zitiert in Perloff, *Ebenda*, S. 73.
23. James Perloff, *op. cit.*, SS. 36-37.
24. Carroll Quigley, *Tragedy and Hope* (New York: Macmillan, 1966), S. 952.
25. Perloff, *op. cit.*, S. 38.
26. Perloff, *Ebenda*, S. 191.
27. Gary Allen, *The Rockefeller File* (Kalifornien: 76 Press, 1975), S. 61.
28. Perloff, *op. cit.*, Umschlag.
29. Zbigniew Brzezinski, »US Foreign Policy: The Search for Focus,« *Foreign Affairs* (Juli 1973), S. 723.

30. Zbigniew Brzezinski, *Between Two Ages (New York: Viking Press,* 1970), S. 72.
31. Mesarovic, *Mankind at the Turning Point,* S. 203.
32. Jim Lucier, *»Bilderbergers«*, American Opinion (Nov. 1964), S. 62.
33. Epperson, *op. cit.*, S. 207.
34. Nesta Webster, *Secret Societies and Subservice Movements* (New York: EP Dutton, 1924), S. 214.
35. Robert W. Lee, *The United Nations Conspiracy* (Belmont: Wester Islands Publishers, 1981), S. 98.
36. Lee, *Ebenda,* S. 137.
37. Lee, *Ebenda,* S. 137.
38. *The United Nations* (Heft), Headline Series, Nr. 59 (NEW YORK: FOREIGN POLICY ASSOCIATION, SEPT./OKT. 1946), SS. 43-44.
39. John Foster Dulles, *War or Peace* (New York: The Macmillan Company, 1950), S. 40.
40. U Thant, Rede in Uppsala, Schweden, Mai 1962, zitiert in *None Dare Call It Treason* (Florissant: Liberty Bell Press, 1964).
41. *Time* (16. März 1942), zitiert in *None Dare Call It Treason* (Florissant: Liberty Bell Press, 1964).
42. Willard Cantelon, *The Day the Dollar Dies* (Plainfield: Logos International, 1973), S. 97.
43. Willard Cantelon, *Ebenda,* S. 88.
44. Nate Krupp, *The Omega Generation?* (Arkansas: New Leaf Press, 1977), SS. 78-79.
45. Henry Steele Commager, »Misconceptions Governing American Foreign Policy,« *Perspectives on American Foreign Policy* (New York: St. Martin's Press, 1983).
46. Robertson, *op. cit.*, SS. 152-153.
47. Robertson, *Ebenda, S.* 172.
48. M. Basilea Schlink, *New Age aus biblischer Sicht* (Darmstadt-Eberstadt: Ev. Marienschwesternschaft, 7. Auflage 1992), S. 7.
49. Constance E. Cumbey, *The Hidden Dangers of the Rainbow: The New Age Movement and Our Coming Age of Barbarism* (Shreveport, Louisiana: Huntington House, Inc., 1983), S. 44.
50. Schlink, *op. cit.*, S. 11.
51. Cumbey, *op. cit.*, S. 63.
52. Cumbey, zitiert von Schlink, *op. cit.*, SS. 11-12.
53. Cumbey, zitiert von Schlink, *Ebenda,* S. 12.
54. Kah, *op. cit.*, S. 69.
55. Kah, *Ebenda,* S. 73.
56. Schlink, *op. cit.*, S. 15.
57. Kah, *op. cit.*, S. 77.

58. Schlink, *op. cit.*, S. 17.
59. Kah, *op. cit.*, S. 77.
60. Christian Warmer, »World Dictatorship and the New Age Movement,« *Newswatch Magazine* (Sept. 1986), S. 26.
61. Kah, *op. cit.*, S. 94.
62. Flavius Josephus, *Jüdische Altertümer*, Buch I, 4, 2+3, zitiert nach der Übersetzung von H. Clementz (Wiesbaden: Fourier Verlag, 11. Auflage 1993), SS. 31-32.
63. Alexander Hislop, *The Two Babylons of the Papal Worship* (New Jersey: Loizeaux Brothers, 1916), SS. 42-43.
64. Ralph Woodrow, *Babylon Mystery Religion* (Kalifornien: Ralph Woodrow Evangelistic Association, Inc., 1966), S. 10.
65. Woodrow, *Ebenda*, SS. 10-11.
66. Kah, *op. cit.*, SS. 98-100.
67. Kah, *Ebenda*, S. 101.
68. Michael Baigent und Richard Leigh, *The Temple and the Lodge* (London: Corgi Books, 1990), SS. 132-133.
69. Albert G. Mackey, *An Encyclopaedia Of Freemasonry* (New York: The Masonic History Co, 1921), S. 842.
70. *The Arizona Daily Star* (28. Februar 1982), S. 6-A.
71. Epperson, *op. cit.* S. 79.
72. Webster, *op. cit.*, S. 214.
73. John Robison, *Proofs of a Conspiracy* (Belmont: Western Islands Publishers, 1967), S. 123.
74. Epperson, *op. cit.*, SS. 82-83.
75. Alice Bailey, *The Externalisation of the Hierarchy* (New York: Lucis Publishing Company, 1957), S. 511.
76. Kah, *op. cit.*, S. 95.
77. Caro Cardinal y Rodrigues, *The Mystery of Freemasonry Unveiled* (Hawthorne, CA: Christian Book Club of America, 1971), S. 226.
78. Kah, *op. cit.*, S. 95.
79. Joseph J. Carr, *The Twisted Cross* (Shreveport, Louisiana: Huntington House, Inc., 1985), SS. 110-111.
80. Carr, *Ebenda*, S. 93.
81. Carr, *Ebenda*, S. 104.
82. Carr, *Ebenda*, S. 106.
83. Wulf Schwarzwäller, *The Unknown Hitler* (New York: Berkley Books, 1990), S. 99.
84. Schwarzwäller, *Ebenda*, SS. 53-54.
85. Schwarzwäller, *Ebenda*, SS. 56-60.
86. Leo A. Rudloff, *Archbishop Capucci and Terrorism* (Heft) (New York: Anti-Defamation League of B'nai B'rith, 1981).

87. Bernard Lewis, *»Treibt sie ins Meer!« Die Geschichte des Antisemitismus*, übersetzt von Erwin Duncker (Frankfurt/M.: Verlag Ullstein, 1987), S. 92.
88. Rudloff, *op. cit.*, S. 10.
89. Neil C. Livingstone und David Halevy, *Inside the PLO* (New York: William Morrow and Co, Inc., 1990), S. 186.
90. Jillian Becker, *The Rise and Fall of the PLO* (London: Weidenfeld and Nicolson, 1987), S. 154.
91. Eliyahu Tal, *PLO: Now the Story Can Be Told* (Tel Aviv: Achduth Press, 1982), SS. 40-41.
92. Becker, *op. cit.*, S. 123.
93. Becker, *Ebenda*, S. 124.
94. *At Magazine* (Aug. 1982), zitiert bei Tal, *op. cit.*, S. 43.
95. Tal, *op. cit.*, S. 43.
96. Tal, *Ebenda*, S. 45.
97. John Laffin, *The PLO Connections* (London: Corgi Books, 1982), S. 104.
98. Mark Aarons und John Loftus, *Ratlines: How the Vatican's Nazi Networks Betrayed Western Intelligence to the Soviets* (London: Mandarin Paperbacks, 1991), S. 71.
99. Aarons und Loftus, *Ebenda*, S. 71.
100. Gowen, Caniglia und Morena, Bericht vom 12. September 1947, USNA, Investigative Records Repository RG319, Pavelic Dossier, XE 001109.
101. Aarons und Loftus, *op. cit.*, S. 76.
102. Aarons und Loftus, *Ebenda*, S. 77.
103. Paul Manning, *Martin Bormann* (New York: Lyle Stuart, 1981), SS. 205-206.
104. David S. Wyman, *The Abandonment of the Jews: America and the Holocaust 1941-1945* (New York: Pantheon Books, 1984), Vorwort, S. xiii.
105. Wyman, *Ebenda*, SS. 317-318.
106. Amir Taheri, *Holy Terror: The Inside Story of Islamic Terrorism* (London: Sphere Books, 1987), S. 196.
107. Richard Nixon, *Seize the Moment* (New York: Simon & Schuster, 1992), S. 198.
108. Taheri, *op. cit.*, S. 198.
109. Taheri, *Ebenda*, S. 199.
110. Muhammad Taqi Partovi Sabzevari, *Ayandeh Nehzat Islami* (Die Zukunft der Islamischen Bewegung), (Qom, 1986).
111. Michael de Semlyen, *Ecumenism: Where Is It Leading Us?* (Heft) (England: Spirit of '88), S. 3.
112. de Semlyen, *Ebenda*, S. 6.

113. de Semlyen, *Ebenda*, S. 5.
114. Malachi Martin, *The Keys of This Blood: Pope John Paul II Versus Russia and the West for Control of the New World Order* (New York: Touchstone, 1990), Umschlag.
115. de Semlyen, *op. cit.*, SS. 13-14, 19.
116. Martin, *op. cit.*, S. 33.
117. Martin, *Ebenda*, SS. 20-21.
118. Martin, *Ebenda*, S. 33.
119. Martin, *Ebenda*, S. 38.
120. Martin, *Ebenda*, S. 303.
121. Martin, *Ebenda*, S. 299.
122. Martin, *Ebenda*, S. 53.
123. de Semlyen, *op. cit.*, S. 63.
124. William L. Hull, *The Fall and Rise of Israel* (Grand Rapids: Zondervan Publishing House, 1954), SS. 32-33.
125. Rabbi Leibel Reznick, *Woe, Jerusalem* (Kfar Chassidim: Tuvia's Sefarim, 1990), SS. 64-65.
126. Simon Wiesenthal, *Every Day Remembrance Day*, SS. 135-137.
127. Michael L. Brown, *Our Hands Are Stained With Blood: The Tragic Story of the »Church« and the Jewish People* (Shippensburg: Destiny Image Publishers, 1992), SS. 104-106.
128. Elie Wiesel, *Die Nacht zu begraben*, Elischa, übersetzt von Curt Meyer-Clason (München und Eßlingen a.N.: Bechtle Verlag, 1986), SS. 91-94.
129. Livia E. Bitton Jackson, *Elli: Coming of Age in the Holocaust* (London: Grafton Books, 1984).
130. Jackson, *Ebenda*, SS. 176-178.
131. Jean-François Steiner, *Treblinka. Die Revolte eines Vernichtungslagers*, übersetzt von Marianne Lipcowitz, Michèle Lepron-Burger, Irina Michael und Luise Thilenius (Oldenburg und Hamburg: Gerhard Stalling Verlag, 1966), SS. 92-94
132. Dennis Prager und Joseph Telushkin, *Why the Jews? The Reason for Antisemitism* (New York: Touchstone, 1985), S. 104.
133. Malcolm Hay, *The Roots of Christian Anti-Semitism* (New York: Liberty Press, 1981), S. 21, zitiert in Brown, *op. cit.*, S. 11.
134. Brown, *op. cit.*, S. 11.
135. Leonard Stein, *The Balfour Declaration* (Jerusalem: The Magnes Press, 1983), S. 10.
136. Claude Duvernoy, *The Prince and the Prophet*, übersetzt von Jack Joffe (Jerusalem: Christian Action For Israel), S. 10.
137. Duvernoy, *Ebenda*, S. 11.
138. Duvernoy, *Ebenda*, S. 9.

139. Duvernoy, *Ebenda*, S. 8.
140. Duvernoy, *Ebenda*, S. 9.
141. Paul Grattan Guinness, *Hear O Israel* (New York: Vantage Press, 1983), S. 17.
142. Guinness, *Ebenda*, S. 89.
143. ICEJ, Christian Zionist Congress, Jerusalem, April 1988.
144. Theodor Herzl, zitiert in Lance Lambert, *Israel – Zentrum der Weltgeschichte?* (Neuhausen-Stuttgart: Hänssler, 2. Auflage 1992), S. 121.
145. Lambert, *Ebenda*, S. 125.
146. Theodor Herzl, *Der Judenstaat* (Leipzig, Wien: M. Breitensteins Verlagsbuchhandlung, 1896), 125.
147. Guinness, *op. cit.*, S. 83. Deutsch zitiert nach »Geschichte des jüdischen Volkes,« *Informationen zur politischen Bildung* Nr. 140 (München: Franzis-Verlag, Neudruck 1985), S. 41.
148. Lord Russell, *If I Forget Thee* (London: Cassell & Co., 1960), S. 23.
149. Guinness, *op. cit.*, S. 82.
150. Josef Fraenkel, *Theodor Herzl* (London: Ararat Publishing Society, 1946), S. 145. Der deutsche Text des Gedichtes wurde direkt entnommen aus: *Die Welt* 8. Jahrgang Nr. 28 (Wien: 8. Juli 1904 — 25. Thamuz 5664): S. 24.
151. Yom-Tov L. Hel-Or, *Israel's Spiritual Ethical Renaissance* (Jerusalem: Or Yerushalayim, 1977), S. 22.
152. Claude Duvernoy, *The Zionism of God* (Jerusalem: Ahva Press, 1985), S. 114.
153. Peggy Mann, *Golda: The Life of Israel's Prime Minister* (New York: Coward, McCann & Geoghegan, 1971), SS. 69-70.
154. Menachem Begin, *White Nights: The Story of a Prisoner in Russia* (Tel Aviv: Steimatzkys, 1977), SS. 197-198, 200-201.
155. Barnet Litvinoff, *Weizmann: Last of the Patriarchs* (London: Hodder & Stoughton, 1976), S. 26.
156. Robert St. John, *Die Sprache der Propheten. Die Lebensgeschichte des Elieser Ben-Jehuda, des Schöpfers der neuhebräischen Sprache,* übersetzt von Gerda Brust (Gerlingen: Bleicher Verlag, 1985), S. 364-365.
157. Claude Duvernoy, *op. cit.*, S. 155.
158. Joan Peters, *From Time Immemorial: The Origins of the Arab-Jewish Conflict Over Palestine* (London: Michael Joseph, 1984), S. 132.
159. *The Covenant of the Islamic Resistance Movement* (August 1988).
160. Peters, *op. cit.*, S. 240.
161. James Gardner, *The Faiths of the World: An Account of All Religions and Religious Sects* (London: A. Fullarton & Co.), Band 1, S. 462.
162. Bat Ye'or, *The Dhimmi: Jews and Christians Under Islam* (Cranbury: Associated University Presses, 1985).

163. Bat Ye'or, *Les Chrétienté D'Orient Entre Jihad Et Dhimmitude* (Paris: Les Editions du Cerf, 1991).
164. Bat Ye'or, *op. cit.*, SS. 45 - 46.
165. Bat Ye'or, *op. cit.*, S. 139.
166. Peters, *op. cit.*, S. 34.
167. Radio Damaskus, 15. März 1971.
168. Becker, *op. cit.*, S. 173.
169. *Al Riyadh* (29. Januar 1981), in J.P.S. 39:184.
170. Anis A. Shorrosh, *Islam Revealed: A Christian Arab's View of Islam* (Nashville: Thomas Nelson Publishers, 1988), S. 185.
171. Peters, *op. cit.*, S. 172.
172. Peters, *Ebenda*, S. 173.
173. David Pryce-Jones, *The Closed Circle: An Interpretation of the Arabs* (London: Paladin, 1990), SS. 205 - 206.
174. Terence Prittie und Bernard Dineen, *The Double Exodus*, SS. 6 - 8.
175. Yitschak Ben Gad, *Politics, Lies and Videotape* (New York: Shapolsky, 1991), SS. 316 - 317.
176. A. Y. Levanon, »Three Memorial Prayers in Jerusalem,« *Written in Battle: The Six Day War as Told by the Fighters Themselves* (Tel Aviv: Le-Dory Publishing House), SS. 72, 81 - 83.
177. Geula Cohen, *Voice of Valor* (Tel Aviv: Yair Publishers, 1990), SS. 268 - 269.
178. Eliyahu Tal, »Whose Jerusalem?« (Entwurf, The International Forum for a United Jerusalem), S. 45.